公路交通运输经济的发展探索

高继成　曹金涛　唐琪钧◎著

哈尔滨出版社

图书在版编目（CIP）数据

公路交通运输经济的发展探索/高继成,曹金涛,
唐琪钧著. —哈尔滨:哈尔滨出版社,2023.8
ISBN 978-7-5484-7516-3

Ⅰ.①公… Ⅱ.①高… ②曹… ③唐… Ⅲ.①公路运
输—交通运输经济—中国—文集 Ⅳ.①F542.3-53

中国国家版本馆 CIP 数据核字（2023）第 169524 号

书　　名：**公路交通运输经济的发展探索**
GONGLU JIAOTONG YUNSHU JINGJI DE FAZHAN TANSUO

- -

作　　者：高继成　曹金涛　唐琪钧　著
责任编辑：孙　迪

- -

出版发行：哈尔滨出版社（Harbin Publishing House）
社　　址：哈尔滨市香坊区泰山路82-9号　邮编：150090
经　　销：全国新华书店
印　　刷：北京四海锦诚印刷技术有限公司
网　　址：www.hrbcbs.com
E－mail：hrbcbs@yeah.net
编辑版权热线：（0451)87900271　87900272
销售热线：（0451)87900202　87900203

- -

开　　本：787mm×1092mm　1/16　印张：11.25　字数：215千字
版　　次：2023年8月第1版
印　　次：2023年8月第1次印刷
书　　号：ISBN 978-7-5484-7516-3
定　　价：68.00元

- -

凡购本社图书发现印装错误，请与本社印制部联系调换。
服务热线：（0451)87900279

前　言

公路交通运输是现代社会发展中的重要组成部分，公路交通在人们的日常生活中起着至关重要的作用。公路交通网络的发展对于促进物资流动、人员流动以及经济发展具有重要意义。随着科技的进步和经济的发展，公路交通运输经济也发生了变革。新技术的出现和应用，极大地提升了公路交通的效率和安全性。与此同时，全球贸易的快速增长和物流需求的增加也对公路运输提出了更高的要求。

基于此，本书首先阐述交通运输与经济学的认知、公路交通运输及其基本条件、公路交通运输经济的发展形势、经济新常态下公路交通运输经济管理的必要性；其次，分析交通运输需求的基础认知、货物与旅客的运输需求、城市发展与交通出行需求；再次，讨论交通运输供给的基础认知、运载工具的经济特性、运输基础设施的经济特性；然后，对公路运输的成本及其分类、公路运输成本的费用管理、公路运输价格及其制定策略进行论述；接下来探讨交通运输市场的经济学基础、运输市场的主要结构、公路运输市场调查及其质量管理发展；探究公路交通运输企业的投资决策、公路交通运输企业投资项目的经济评价、公路交通运输企业的经济效益、低碳经济下公路运输企业循环经济评价与发展；最后，研究城市公交市场、出租车市场、城市慢行交通以及公路货运的经济发展。

本书论述公路交通运输经济的发展，综合性强，涵盖了公路交通运输与经济学的多个方面，从理论到实践都有深入的研究和分析。读者可以通过本书全面了解公路交通运输与经济学的关系，以及相关领域的理论和实践知识。

笔者在本书的写作过程中，得到了许多专家学者的帮助和指导，在此表示诚挚的谢意。由于笔者水平有限，加之时间仓促，书中所涉及的内容难免有疏漏之处，希望各位读者多提宝贵意见，以便笔者进一步修改，使之更加完善。

目　录

第一章 绪 论

第一节 交通运输与经济学的认知

一、交通运输的认知

(一) 交通与运输的内涵

1. 交通的内涵

传统上，交通包括了运输，运输是交通的一部分。交通是各种运输和邮电通信的总称，即人和物的转运和输送，语言、文字、符号、图像等的传递和播送。交通包括运输和邮电两个方面：运输的任务是输送旅客和货物；邮电是邮政和电信的总称，邮政的任务是传递信件和包裹，电信的任务是传送语言、符号和图像。随着科学技术的发展，随之而来的专业化物质传输系统的形成，使人们已经不把输电、供电、供暖、供水等形成的物质位移列入运输的范围，而且也不再把语言、文字、符号、图像等形式的信息传输列入交通的范围。交通与运输成为一个并列的概念，因此也就有了交通运输。

从专业角度出发，交通是指通过一定的组织管理技术，实现运载工具在交通网络上流动的一种经济活动和社会活动。随着社会的进步和经济的发展，物资的位移和人员的流动都要借助于运载工具来实现，因此交通特指交通工具在交通网络上的流动。根据交通网络范围的不同，交通可分为全国交通、区域交通和城市交通。

2. 运输的内涵

运输这一词语在日常生活、专业领域和科学研究中，都用得十分广泛。"运"具有搬运、移动的含义，"输"具有输送的含义。运输是将物品或人员从一地运送到另一地及完成这类运送的各种手段。目前，主要有五种运输方式：铁路运输、公路运输、水路运输、航空运输和管道运输。可以说，运输是指借助交通网络设施和运载工具，通过一定的组织管理技术，实现人与物空间位移的一种经济活动和社会活动。在经济和社会生活中发生的人与物的空间位移几乎无所不在，但运输只指具备相关要素的人与物的空间位移。

经济活动中的输电、供暖、供水和电信传输的信息等，虽然也产生物的位移，但都已拥有独立于交通网络及其设施之外的专用传输系统，不再依赖于人们一般公认的运输工具，因此不属于运输的范畴。由运载工具改作他用的特种移动设备（比如消防车、电视转播车、清扫车等）行驶所发生的人与物的位移，虽然利用交通网络及其设施，因运载工具安装了多种为完成特种任务所需的设备，其行驶的直接目的是为完成某项特定工作，而不是为了完成人与物的位移，也不属于运输的范围。此外，在工作单位、家庭周围、建筑工地由运输工具所完成的人与物的位移，由某种工作性质所引起的位移，也不属于运输的范围。

3. 交通运输的内涵

交通运输是运载工具在交通基础设施上流动和运载工具上载运人员与物资在两地之间位移这一经济活动和社会活动的总称。构成交通运输的四要素包括：交通网络设施、运载工具、运营组织管理技术和运输对象（人或物）。随着对交通与运输及两者相互关系认识的深化，人们看到了交通与运输既相互区别又密切联系，认识到其中任一概念都不能包括交通与运输的全部内容，而交通运输同时表明了同一过程的两个方面。因此，目前通常的用法是采用交通运输这一复合型的概念来进行表述。

4. 交通、运输的区别与联系

交通与运输既相互区别，又密切相关。交通、运输的区别与联系如下：

（1）交通、运输的区别。交通强调的是运载工具在交通线网（基础设施）上的流动情况，而与交通工具上所载运人员与物资的有无和多少关系不大；运输强调的是运载工具上载运人员与物资的多少、位移的距离，而并不特别关心使用何种交通工具和运输方式。

交通量与运输量这两项指标的概念最能说明这一点。例如，在公路运输中，公路交通量是指单位时间内通过某路段道路的车辆数，它与运输对象无关，若说某路段的昼夜交通量是 5000 辆车，这 5000 辆车都是空车或都是重车，或空重都有，都不会使交通量有任何改变。运输量则不同，它是指一定时期内运送人员或物资的数量。空车行驶不产生运输量，即使都是重载，如果运输对象在每一车辆上的数量不同，所产生的总运输量也会出现不同的情况。

（2）交通、运输的联系。交通与运输反映的是同一事物的两个方面，或者说是同一过程的两个方面。同一过程就是运载工具在交通线网上的流动，两个方面指的是：交通关心的是运载工具的流动情况（流量的大小、拥挤的程度），运输关心的是流动中运载对象的位移情况（载人与物的有无与多少，将其输送了多远的距离）。在有载时，交通的过程同时也就是运输的过程。从这个意义上讲，由交通与运输构成的一些词语中，有一部分是可以相互替换使用的，如交通线与运输线、交通运输部门与运输部门、交通系统与运输系统等。因此可以说，运输以交通为前提，没有交通就不存在运输；没有运输的交通，也就失去了交通存在的必要。交通仅仅是一种手段，而运输才是最终的目的。

（二）交通运输的产业属性

一般而言，产业是指从事相同性质的经济活动的所有单位的集合。交通运输业是指提供人或物空间位置移动服务的所有单位的集合，通常包括铁路运输、公路运输、水路运输、航空运输、管道运输五种运输方式以及城市交通的基础设施和运营企业。

1. 交通运输属于基础产业

交通运输是国民经济的基础产业，其基础性表现在：工农业生产、人民生活、国防建设和社会生活对交通运输具有普遍需求性。交通运输业是其他生产部门正常运转、协调发展的前提，是社会再生产得以延续的不可缺少的基本环节。

2. 交通运输是先导性产业

先导性产业指的是只有先行发展某种产业，社会经济和居民生活才会正常发展。先导性产业包括电力、运输、供水之类所有的基础工业。交通运输负责完成经济社会生活中的人和货物的空间位移，实现生产要素的流动，而生产要素和商品的流动是经济实现分工、专业化发展的前提之一。

缺乏交通基础设施会导致难以引入其他社会基础设施，如教育和医疗服务设施。现代技术的传播、农业生产投入以及农业和其他经济部门通过市场的联系，都会因为交通基础设施的缺乏而受到阻碍。从交通基础设施在经济发展中的作用可以看出，交通基础设施具有经济先导性，其适度超前发展可以支撑和促进经济发展，否则其有可能成为经济发展的瓶颈约束。

3. 交通运输属于第三产业

三次产业是根据社会生产活动历史发展的顺序对产业结构的划分，产品直接取自自然界的部门称为第一产业，初级产品进行再加工的部门称为第二产业，为生产和消费提供各种服务的部门称为第三产业。三次产业是世界上通用的产业结构分类。

我国的三次产业划分为：第一产业是指农、林、牧、渔业（不含农、林、牧、渔服务业）；第二产业是指采矿业（不含开采辅助活动），制造业（不含金属制品、机械和设备修理业），电力、热力、燃气及水生产和供应业，建筑业；第三产业即服务业，是指除第一产业、第二产业以外的其他行业。第三产业包括：批发和零售业，交通运输、仓储和邮政业，住宿和餐饮业，信息传输、软件和信息技术服务业，金融业，房地产业，租赁和商务服务业，科学研究和技术服务业，水利、环境和公共设施管理业，居民服务、修理和其他服务业，教育，卫生和社会工作，文化、体育和娱乐业，公共管理、社会保障和社会组织，国际组织，以及农、林、牧、渔业中的农、林、牧、渔服务业，采矿业中的开采辅助活动，制造业中的金属制品、机械和设备修理业。

作为第三产业的交通运输，其劳动与第一、二产业劳动不同，表现出服务性的特点。这种服务是指以劳务活动形式而非实物形式提供某种使用价值以满足人们需要的经济活动过程。交通运输厅提供的劳动不是制造物质产品，而是通过提供服务直接满足人们空间位移的需要，这种需要也就是对交通运输的派生需求。位移服务就是交通运输的产品。运输服务与消费这种服务产品的过程同始同终，运输服务所创造的特殊使用价值和价值，也在消费过程中同时表现出来。

4. 交通运输是网络型产业

网络由多个节点和联系节点的线路构成，表示各个对象及其之间的相互关系。交通运输是以交通运输网络为基础的产业。交通运输网络从组成来讲，可分为三部分：①由交通运输固定设施组成的运输实体网络，也就是通常所指的交通运输基础网络；②由交通运输运营线路与运载工具共同组成的交通运输运营网络；③由各种交通运输资源信息组成的交通运输信息资源网络。

从空间分布讲，交通运输网络是由以城市为中心的交通运输枢纽和各种交通运输线路共同布局连接构成的网络系统，为社会经济提供客货运输服务，属于双向网络系统。对于实体网络而言，交通运输无疑是最重要和最复杂的网络，它主要由各种交通运输工具和其所依附的基础设施在空间中通过各种组织方式所形成。交通运输网络也包含了虚拟网络的一些重要特征，例如运输组织和管理上的协调。

此外，交通运输网络服务对象众多，人员、原材料和制成品等都是运输的对象，这远远地超过了电力、通信、供水等只是单一服务于一种或几种物质组织形式的实体网络。这就使交通运输表现出很强的网络经济属性。

二、经济学的认知

（一）经济学的产生发展

自从有人类历史以来，经济活动就和人类的日常活动息息相关。虽然人类从事经济活动已有悠久的历史，但是作为一门系统研究人类从事生产和消费活动一般规律的学科，经济学只有200多年的历史。

1. 重商主义与重农主义

从16世纪开始，欧洲的封建主义开始崩溃，资本主义开始萌芽。随着资本主义生产关系的发展，出现了早期的经济思想，在这个时期形成了重商主义和重农主义两大思想主张。

重商主义的基本观点是：金银（即货币）是财富的唯一形态，一切经济活动的目的就是为了获取金银。为了增加金银财富，除直接开采金银矿藏外，有效的方法是通过对外贸易实现顺差。重商主义认为，国内商业虽有益处，但不能增加一国的金银财富，只有通过对外贸易并实现顺差，金银货币才能流入国内，从而使一国的金银财富增加。因此，重商主义者认为，国家为了致富，必须发展对外贸易，并在对外贸易中遵守多卖少买的原则。为确保这一目标的实现，国家必须积极干预经济生活，鼓励出口，限制进口。这种贸易保护主义的思想甚至影响当今世界的国际贸易。

重农主义认为，在充分自由竞争的条件下，交换总是按等价的原则进行的，所以流通不可能是财富的源泉，而只有农业才能使物质财富的数量增加，因为在农业中，1千克种子的播种可以生产出几十千克的谷物。工业的作用只不过是改变农业所提供的原料形态，把各种使用价值合为一种新的使用价值，所以它不是增加物质财富的部门。至于商业更不是生产部门。重农主义提出土地是财富的来源，农业应该在国民经济中占首要地位，增加社会财富的唯一办法是发展农业，降低农业税赋，实行自由贸易，国家不应过多干预社会经济活动。

2. 古典经济学

古典经济学批判重商主义者把金银货币看作财富唯一形态的观点，克服了重农主义学派片面的财富定义，认为劳动生产物——商品是财富的代表，劳动是财富的源泉，提出劳动是衡量一切商品交换价值的真实尺度，商品的价值是由生产中耗费的劳动量所决定的。

古典经济学区分了市场价格和自然价格，认为市场价格是指商品出售时的实际价格，自然价格是低于这个价格企业家不再出售这种商品的长期价格，取决于长期成本。古典经济学考察了市场价格因商品供求关系的变化而波动的情况，即当市场上商品供大于求时，市场价格低于其自然价格，生产者就会减少该种商品的生产，直到商品的供求趋于平衡；当市场上商品供小于求时，市场价格就会高于自然价格，于是资本就会流向这一部门，生产就会增加，直至供求趋于平衡。

古典经济学认为，一切经济活动的原动力是人的利己心。利己是人的天性，利己导致了分工、交换等经济现象的产生。利己与利他是不矛盾的，商家要赚钱，这就是利己之心的驱动；但要做到这点，商家就必须考虑顾客的利益，提供顾客所需要之物，这是利他的行为，整个社会就是在这许许多多利他行为中实现了每个人的个人利益。因此，增加一个国家的财富，最好的经济政策就是给私人的经济活动完全的自由，因为充分的自由竞争是发挥社会每个成员主动性和积极性的条件。

古典经济学认为"看不见的手"起作用的关键是自由竞争，竞争的结果是资源被有效地配置在最有价值的地方，使经济运行充满效率。古典经济学反对国家干预经济，主张政府应该主要行使好三个职能：第一保护社会免受外来入侵，第二建立司法机构，第三建立和维护私人企业家不能有效供给的公共工程和机构。

随着古典经济学的进一步完善，产生了比较成本学说。比较成本学说统一了劳动价值论的理论基础，更清晰地分析了使用价值和交换价值的区别，并首次提出决定商品交换价值的劳动不是实际的个别劳动，而是社会必要劳动。比较成本学说认为，每个国家专门生产自己具有相对优势的商品，即使这种商品成本的绝对值高于其他国家，但只要它在本国生产所用成本相对较低，就能通过国际贸易获得利益。

总之，古典经济学最基本的特征是强调市场机制的作用，主张自由放任政策，认为政府不该干预国民经济活动。在国际贸易上则认为，国际分工能在国际范围内提高资源的利用效率，主张实行自由贸易政策。

3. 新古典经济学

新古典经济学认识到劳动价值论的局限，提出了边际效用价值论。新古典经济学建立了以边际效用分析为手段、均衡价格为核心的经济学体系。新古典经济学认为，商品的价值既不由劳动决定，也不由生产费用来决定，而是由消费者的主观评价决定。消费者之所以需要商品，是因为商品都有满足人们消费欲望的效用。人们对商品效用的评价，随着这种商品消费量的增多而降低，某种商品的价格高低由这种商品给消费者带来的边际效用而定。这就是边际效用价值论。这是一种与古典经济学派的劳动价值论完全不同的价值理论，同时在方法上也和古典学派不同，它把高等数学中的一些分析工具用到经济研究中，推动了数理经济学的发展。

新古典经济学与古典经济学既有共同点，也有区别。两者的主要共同点是都承认"经济人"假设，都主张经济政策的自由放任，反对政府干预经济。经济人指人都以自身利益最大化为目标进行理性的决策和行动，本质是利己自私的，但他的行为又是利他的。

新古典经济学与古典经济学的主要不同点如下：

（1）研究对象不同。古典经济学只重视对生产的研究，新古典经济学更加重视对消费和需求的研究。

（2）价值理论不同。古典经济学所持的是劳动价值论，而新古典经济学所持的是边际效用价值论。

（3）研究的中心问题不同。古典经济学研究的中心问题是国民财富如何增长，强调财富是物质产品，因此，增加财富的方法是通过资本积累等途径来发展生产；而新古典经济学则把资源配置作为经济学研究的中心，论述了价格如何使社会资源的配置达到最优，将消费、需求分析与生产、供给分析结合起来，提出了均衡价格理论。

4. 微观经济学

微观经济学对完全竞争情况下的市场价格运行机制进行了补充完善。因为现实生活中很难有完全竞争市场，常常是不同程度的垄断和竞争交织在一起。微观经济学说明了现实市场中存在的这种情况，分析研究了不同市场条件下厂商决定其产量和价格，实现利润最大化的行为，形成了比较切合实际的厂商均衡理论，补充和发展了马歇尔的新古典经济学理论。

微观经济学是以单个经济单位（单个生产者、单个消费者、单个市场经济活动）作为研究对象，分析单个经济单位的经济行为，在此基础上，研究市场运行机制及其在经济资源配置中的作用的经济学说。

5. 宏观经济学

宏观经济学是以整个国民经济为考察对象，使用国民总收入、经济总投资、社会总需求和就业总水平等总体性的经济概念来分析经济运行规律的经济学领域。

宏观经济学理论认为，整个社会的总需求是由消费需求和投资需求构成的，它们的不足会使总需求低于总供给，从而造成产品过剩和工人失业。在微观经济学理论中，价格、工资和利率的自动调整会使总需求趋于充分就业的水平。根据当时生产和就业情况迅速恶化的现实，宏观经济学指出，事实上这个自动调节机制没有起作用，并提出社会就业量取决于有效需求（包括消费需求和投资需求），而有效需求的大小又主要取决于三个基本心理因素，即"消费倾向""对资产未来收益的预期""对货币的流动偏好"。在这一理论基础上，宏观经济学提出的对策就是扩大政府干预经济的权力，采取财政货币措施，增加公共开支，降低利息率，刺激消费，增加投资，以提高有效需求，实现经济的充分就业均衡。宏观经济学提出政府需要采取干预措施，用宏观经济政策来保证充分就业和经济发展。

6. 现代经济学

自宏观经济学之后，针对经济停滞和通货膨胀并发的"滞胀"局面，经济学家纷纷提出了各种理论，形成了不同的流派，其中较有影响的主要有：

（1）现代货币主义学派。现代货币主义学派认为，经济体系的不稳定，主要是因为货币因素的扰动，货币是支配经济中产量、就业和物价变动的唯一重要因素，因此，经济理论中最重要的就是货币问题。在政策方面，现代货币主义学派主张以自由放任为根本政策，让市场自动调节的机制充分发挥作用，而辅之以政府对货币总量的控制。只有适当的货币政策才能稳定经济，实现充分就业。

（2）理性预期经济学派。理性预期学派着重强调任何人都是理性的"经济人"，都具有最大化自己利益的行为和理性预期。因此，对于任何宏观经济政策，他们都会有相应的对策来避免或化解对自己的不利影响，从而会造成宏观经济政策的无效。理性预期学派反对国家干预的政策，主张政府应在宣布政策长期不变从而取信于民的基础上，由市场机制对经济自行加以调节，最终使经济达到自然率增长的水准。

（3）供给学派。供给学派针对经济学强调需求分析而忽视供给研究的倾向，力图从总供给方面寻求解决问题的方案。他们进一步论证供给是实际需求得以维持的源泉。其在总供给的管理方面，主要论点是要解决由于过高的税率所产生的劳动力供给不足，以及失业率长期居高不下的问题。

（4）新制度学派。新制度学派强调科学技术和管理对社会制度性质变化的决定作用，主张国家应干预经济，认为国家干预的目标是"社会平等"，强调社会制度向某一既定方向演进，其途径就是社会变革。

（5）新制度经济学。新制度经济学不同于新制度学派，新制度经济学致力于用传统的古典经济理论来分析制度的构成和运行，其理论内容非常丰富，包括公共选择理论（布坎南），交易成本理论、企业理论和产权理论（科斯），制度变迁与经济发展理论（诺思），产业组织和政府管制理论（斯蒂格勒）等。

（6）新自由主义学派。新自由主义学派从伦理学角度探讨平等与自由的含义，反对一切形式的国家干预，倡导实行竞争性私人货币制度下的自由化市场经济；认为生产资料公有制代替私有制后，计划经济没有价格机制和市场竞争，无法实现资源的合理配置，不可能有好的效益。

（二）经济学的研究内容

1. 资源配置

经济学研究的是一个社会如何利用稀缺的资源生产有价值的商品，并将它们在不同的人中间进行分配。稀缺是指资源是有限的，而人们的欲望是无限的，因此，就一项经济活动而言，最重要的事情就是最好地利用其有限的资源。人们在运用稀缺性资源进行选择时，就要考虑如何用既定的资源生产经济物品，以便更好地满足人们的需要，这就涉及以下的资源配置问题：

（1）生产什么。资源的用途是多方面的，并在一定程度上可以相互替代。如一定量的土地和劳动既可以种植小麦，也可以种植玉米，这时人们就需要做出选择到底生产什么以及生产多少合适。

（2）如何生产。即用什么方法进行生产。通常情况下，生产一定数量的某种产品可采用不同的方法，可以多用资本（购置大量的机器设备）少用劳动，采取资本密集型生产方式，也可以多用劳动少用资本，采用劳动密集型的生产方式。不同的方法有时可以达到不同的产量，但其经济效率或成本一般是有区别的。在生产什么、生产多少已确定的情况下，人们就需要选择合适的生产方法，以达到最高效率利用现有资源的目的。

（3）为谁生产。即生产出来的产品是如何进行分配的，谁来享用这些产品。产品在社会成员之间如何分配，将影响生产要素的流向和配置。一般而言，优质的劳动、资金、土地总是流向回报较高的部门和企业。

2. 经济体制

解决生产什么、如何生产、为谁生产这样的问题，需要采取不同的经济体制进行组织，经济体制指配置资源的制度和机制。通常按三种类型来区分不同的经济组织体制，具体如下：

（1）市场经济。市场经济是由个人和企业自主决定生产和消费的经济制度。企业自主决定雇佣谁和生产什么（生产那些利润最高的商品）、如何生产（采用成本最低的生产方式）；消费者自主决定为哪家企业工作、如何花费自己的收入购买商品（为谁生产），这些收入包括来自劳动的工资收入和来自财产所有权的财产收入。

企业和消费者在市场上相互交易，价格用来指导企业和消费者的经济行为。当消费者决定买多少时，他们盯着价格，当企业决定生产多少时，他们也盯着价格，价格由市场交易自发决定，不需要政府的限制。价格、市场、盈亏、刺激与奖励等一整套机制解决了生产什么、如何生产以及为谁生产的问题。市场经济并非意味着政府无所作为，政府制定法律监管市场，提供教育和治安服务，管制污染和经济外部性，决策货币的发行、税收的调节、国家财政预算资金的投放等。

（2）计划经济。计划经济也称为指令经济，是由政府做出有关生产和分配的所有重大决策。计划经济的前提假设是政府可以最佳地配置经济资源，避免市场中的资源浪费现象。这种体制下，生产什么、如何生产并非由各个企业自主决定，而是由政府部门和官员来决定的，决定的依据是政府对数量及比例的估计。价格也不是市场交易自发决定，而是政府规定。

计划经济中，价格由计划者规定，就缺失了消费者偏好和生产者成本的必要信息，而在市场经济中，价格在交易中的动态波动和变化能够准确反映这些信息。同时计划经济也缺少刺激与奖励机制，无法调动人们的积极性，生产效率低，市场上的商品数量普遍不足。

（3）混合经济。混合经济是指兼有市场经济成分和计划经济成分的组织机制。不能因为市场经济体制中，企业生产有计划性、政府决策也有计划性，就把市场经济也称之为混合经济。混合经济的成分在偏向市场还是偏向计划经济的程度上有所不同，某些经济领域或部门以市场经济成分为主，另一些经济领域或部门以计划经济成分为主。理论上，混合经济的制度设计可以同时吸取市场与计划的好处，但实际上，国民经济是一个整体，各经济领域和部门之间存在着复杂的、密切的联系，很难完全隔离，因此混合经济的结果往往是市场经济的好处不能充分发挥。

（三）经济学的研究基础

经济学理论建立在一定的客观基础上和一定的限制条件下，需要综合掌握逻辑推理、语言表述、数量分析的技术。

1. 理论研究与数量分析

经济生活是由一系列活动组成的复杂的集合，包括购买、销售、讨价还价、投资、劝说等。经济科学的最终目的就是要理解这些复杂的活动。经济学是一种思维方式，需要细心地观察和逻辑推理，同时还需要借助经济理论和数量分析解释经济情况和现象。

理论分析方法能够使经济学家进行一般化的抽象，通过对经济现象的观察，在一定的假设条件下，通过逻辑推理，抽象得出普遍性的结论。理论研究是假设求证的思想过程，首先会提出一个假设，或者一个设想，对所疑惑的现象进行解释；然后再检验该假设对实际现象的预测是否准确，如果该假设通过了检验，那么它就是可接受的。

经济数量分析模型通常是对真实世界的抽象或简化，经济数量分析模型选取非常复杂的现象，如个人、企业、政府的行为，然后将其简化。经济模型要尽力对人们的行为进行解释，而行为是非常复杂的，一般具有不可预见性。经济模型能够用语言、数字表格、图形或数学方式来描述，经济学家常用的一种数学分析方法称为经济计量学，即将统计学工具应用到经济问题的分析中，包括利用统计分析和历史纪录来观察经济事件。借助经济计量学，可以从经验数据中抽象出事物之间简单明了的关系。

2. 实证分析与规范分析

对于经济问题的研究常常会涉及事实本身和它是否公平这两方面的问题。为了避免在事实判断过程中对价值观问题的纠缠，从研究思维与方法的角度划分，有实证分析和规范分析。

（1）实证分析。实证分析是指在观察事物时，排除一切有关事物本身是"好"或"坏"的价值判断，只注重事物本身是如何运行的，描述和分析的是现存事物的实际状况和未来发展趋势。实证分析试图回答的是"是什么""为什么"的问题。其涉及的问题可能是简单的，也可能是复杂的，但都以客观存在为基础。实证分析研究的问题有时很难回答，但可以通过分析和经验例证找到答案，这些分析属于实证分析，这类问题属于实证分析的研究范畴。

（2）规范分析。规范分析是指在观察事物时，以一定的价值判断为基础，提出某些标准作为分析和处理问题的准则，它所关心的是事物是"好"还是"坏"，应该如何运行，并力图改变现实。规范分析试图回答的是"应该怎样""不应该怎样"的问题。规范分析研究回答价值判断问题，由于这类问题涉及伦理、价值观，而非事实本身，因此其答案也就无所谓正确或错误，它们只能靠政治辩论和决策来解决，而不能仅仅依靠经济分析。

3. 经济学的逻辑基础

经济学研究社会如何配置和管理稀缺的资源。在社会中，资源是通过千百万家庭和企业的共同行动来配置和管理的，因此，经济学家研究人们如何做出决策：他们做什么工作，购买什么商品，购买多少；研究人们如何交易：众多消费者和生产者如何共同决定一种商品的价格和销售数量，市场中政府起什么作用。经济学的研究是多方面的，也研究包括平均收入、货币、失业等的整体经济如何运行。经济学的研究中包含基本的逻辑基础，具体如下：

（1）如何做出决策。经济学家通常假定人是利己的"经济人"和具有理性思维的"理性人"。人们的决策一般是针对现有行动的微小增量调整，经济学家称之为边际变动，即人们是通过比较边际收益和边际成本来做出决策的。同时人们会对激励做出反应，激励是指引一个人做出某种行为的事物，最常见的包括奖励或惩罚。实际上，经济学中激励包含的案例更广泛，比如价格就是一种非常重要的激励信号，当香蕉价格上涨时，人们决定少吃香蕉，但果园主会决定雇佣更多的人砍香蕉出售，因为可以得到更多的收入。

（2）如何进行交易。人们都在市场进行交易，市场是组织经济活动的一种有效的方法。自由市场包括大量商品与劳务的许多买者和卖者，所有人都主要关心自己的福利，并进行自主决策。通过交易，买者和卖者都能获利。价格同时调节商品的生产和需求，从而达到社会福利的最大化。但市场经济的美好也不意味着不需要政府的管理。政府需要维护市场制度和规则，比如要保护作为市场经济基础的产权制度。另外市场也有失灵的时候，在经济存在外部性的情况下，在市场竞争带来不平等的情况下，需要政府的干预和管制。

三、交通运输经济学

（一）交通运输经济学的研究范围

交通运输是一项范围十分广泛的人类基本活动。交通运输经济学作为经济科学的一个分支，在确定交通运输经济学研究对象之前，必须明确交通运输经济学研究的研究范围。

1. 经济活动中的交通运输

非经济活动所引起的人与物的空间位移，比如，人们在家里、在工作单位或在其他建筑内的移动；人们在娱乐场所的室外移动，如在公园里、在游乐场所的活动、水上活动、空中旅游等，不属于交通运输经济学研究之列。

2. 运载工具实现的交通运输

非运载工具所引起的人与物的空间位移往往是为了执行特定的任务，一般与经济活动不发生直接关系，如消防车，电视转播车，环境监测车，扫路车，洒水车，高空作业车，工程救险及海上救助的车、船、直升机等，其本身是所安装设备的一个载体，虽然其活动也引起人或物的空间位移，往往也利用交通线路，但它们不属于运载工具，因而不属于交通运输经济学研究的范围。

3. 非专用传输系统的交通运输

作为经济活动所引起的物的位移除了货运之外，还有供电、供水、供暖，邮政部门投递的信件、包裹等邮件，电信部门传输的信息等。这些物的移动从本质上来说与货物运输并没有差别，有的是从货物运输中逐渐分离出来的，但是，一经分离，它们就有了自身独立的传输系统，由这些传输系统专门完成的物的移动，不属于交通运输经济学的研究范围。虽然有的物品移动至今尚未从交通运输业中彻底分离出去，比如一些地区的邮政信函、包裹等仍然是由承担客货运输的车辆、船舶或飞机捎运的，但一般也不作为交通运输经济学研究的内容。

4. 经济单位的外部交通运输

经济活动中，不少运输工具只承担工厂或联合企业内部的短距离运输任务，如有些大型钢铁联合企业在厂区内设有铁路专用线，大型石化企业在厂区内设有输油、输气的专用管道，其内部运输量很大。但这些交通运输是与直接生产过程有关的交通运输，主要是从事原材料和半成品在不同生产环节内的周转或出入库等。交通运输不论运量大小、运输方式如何，均是内部交通运输，属于企业管理所研究的内容。虽然有时内部交通运输与外部交通运输不易区分清楚、不能截然分开，但交通运输经济学的主要任务是研究外部交通运输。

（二）　交通运输经济学的研究内容

交通运输经济学是经济学的一个分支，是以经济学的理论和方法，研究与交通运输有关的各种问题的一门学科，是一门交叉科学，属于社会科学的范畴。交通运输经济学的研究对象，是人们如何有效地通过资源的最优配置，包括在交通运输和其他经济活动之间分配资源，以及如何有效地利用已经分配于交通运输部门的资源，来最大限度地满足人们的交通运输需求。交通运输经济学也要回答"运输什么，运输多少，如何运输，为谁运输"的问题。

交通运输业作为国民经济中的一个重要组成部分，具有自己的经济运行规律。交通运输经济学就是要从经济学的角度，研究、发现这种规律。交通运输经济规律包括两方面的内容：一方面是一般经济规律在交通运输业中的表现和作用；另一方面是交通运输业本身特有的经济规律。研究经济规律，不仅仅是从生产关系和上层建筑的角度去研究，而且要结合交通运输部门的生产力去研究生产关系，从宏观和微观经济环境对交通运输业的相互作用，从交通运输需求和供给的内在联系，去探索和揭示交通运输部门内在的客观经济规律。交通运输经济学的主要研究内容包括以下方面：

第一，交通运输需求理论。其包括交通运输需求基础、货物运输需求、旅客运输需求、城市交通出行需求等。

第二，交通运输供给理论。其包括交通运输供给基础、交通运输基础设施供给、运载工具供给、城市公共交通供给等。

第三，交通运输市场均衡理论。其包括交通运输市场、交通运输外部性及政府作用、交通运输成本、交通运输价格等。

第四，交通运输企业经济分析理论。其包括交通运输项目投资评价、交通运输固定资产折旧与设备更新、运载设备运用效率与经济效益分析等。

第二节　公路交通运输及其基本条件

公路运输在我国的客货运输中与有很大比例，在国民经济发展中起着巨大作用。我国公路建设发展迅速，作为国民经济的基础性产业，公路建设的发展对加快建设统一市场、实现资源有效配置、促进区域协调发展、提高对外开放程度、推动国民经济发展和社会进步发挥了重要作用。便捷高效的公路交通也日益改变着人们的思想观念和生活方式，扩大了出行半径，提高了人民的生活水平。

一、公路交通运输的特点与发展趋势

（一）公路交通运输的基本特点

公路交通运输具有以下特点：

第一，分布面广，适应性强。公路交通运输网密度大，分布面广。公路交通运输在时间方面的机动性比较大，车辆可随时调度、装运，各环节之间的衔接时间较短。公路交通运输对客、货运量的多少具有很强的适应性，既可以单个车辆独立运输，也可以由若干车辆组成车队同时运输。

第二，实现"门到门"直达运输。由于汽车体积较小，中途一般也不需要换装，除了可沿分布较广的路网运行外，还可离开路网深入工厂企业、农村田间、城市居民住宅等地，即可以把旅客和货物从始发地门口直接运送到目的地门口，实现"门到门"直达运输。

第三，在中、短途运输中，运送速度较快。公路的经济里程为 500 km 以内。在中、短途运输中，由于公路交通运输可以实现"门到门"直达运输，中途不需要倒运、转乘就可以直接将客货运达目的地，因此，与其他运输方式相比，其客、货在途时间较短，运送速度较快。

第四，运量较小，运输成本较高。汽车载重量小，行驶阻力比铁路大 9~14 倍，所消耗的燃料是价格较高的液体汽油或柴油，因此，除了航空运输外，汽车运输成本是最高的。

第五，污染较严重。公路交通运输在提供便利的同时也带来了大气污染、噪声污染、光污染和水污染等问题。

(二) 公路交通运输的发展趋势

1. 干线公路质量化

交通量的密集化以及汽车数量和载重量的增长，必然要求干线公路由量的增加发展到质的提高，因而干线公路高等级化就成为公路建设的基本趋势。许多国家竞相建设高速公路以及全国高速公路网，并进而连接成跨国高速公路系统。

2. 汽车运输高效化

为改善运输装备，提高运输效率和效益，汽车运输向着高效化的方向发展，如在货运方面发展大型拖挂车和专用车。拖挂车运输发展迅速的主要原因是其运载量大、油耗低、运输成本低。以专用汽车代替普通栏板式卡车也是汽车运输业进步的主要标志，专用车的主要优势包括：安全可靠、运输质量好、货物不易变质和损坏；减少或取消包装费用；货物装卸时间缩短，运输效率提高。

3. 公路运输智能化

智能运输系统简称 ITS，是将先进的信息技术、数据通信传输技术、电子控制技术及计算机处理技术等综合运用于整个地面运输管理体系，使人、车、路及环境密切配合、和谐统一，使汽车运行智能化，从而建立一种在大范围内全方位发挥作用的实时、准确、高效的公路交通运输综合管理系统。智能运输系统可提高公路交通运输安全水平，减少交通堵塞，提高公路网的通行能力，降低汽车运输对环境的污染，提高汽车运输生产率和经济效益。随着智能运输系统技术的发展，电子技术、信息技术、通信技术和系统工程等高科技技术在公路交通运输领域中将得到广泛应用，物流运输信息管理技术、运输工具控制技术、运输安全技术等均将产生巨大的飞跃，从而大幅度提高公路网络的通行能力。

4. 公路货运快速、长途、重载的趋势

随着区域经济的发展以及公路基础设施和车辆的不断改进，中长距离公路交通运输需求增加，公路货运向快速、长途、重载方向发展。大吨位、重型专用运输车因高速安全、

单位运输成本低而成为我国未来公路交通运输车辆的主力。专用车产品向重型化、专用功能强、技术含量高的方向发展。厢式运输车、罐式运输车、半挂汽车列车、集装箱专用运输车、大吨位柴油车及危险品、鲜活、冷藏等专用运输车辆将围绕提高运输效率、降低能耗、确保运输安全的目标发展。

从 20 世纪 80 年代开始，随着改革开放的推进和经济的快速增长，我国公路的客货运输水平都有了很大提高。在货物运输和旅客运输的过程中，对货物运输种类、办理条件，旅客乘车条件，行李包裹运送条件都有一些明确的规定。

二、公路交通运输的基本条件

（一）公路货物运输种类及办理条件

公路货物运输可以依据不同的标准进行划分，按照运输组织方法、运输速度、运输条件、运输车辆、经营方式等可以进行不同的分类，对于不同种类的货物运输，都有相应的办理条件。

1. 按运输组织方法分类

按运输组织方法分类，公路货物运输分为零担货物运输、整批货物运输和集装箱运输。托运人一次托运货物计费重量 3t 及以下的，为零担货物运输；托运人一次托运货物计费重量 3t 以上或虽不足 3t，但其性质、体积、形状需要一辆汽车运输的，为整批货物运输；采用集装箱为容器、使用汽车运输的，为集装箱运输。集装箱运输包括：①国际集装箱运输和国内集装箱运输；②标准集装箱运输和非标准集装箱运输；③普通集装箱运输和特种集装箱运输（危险、冷藏保温和罐式集装箱运输等）；④整箱运输和拼箱运输；⑤用托运人的集装箱进行的运输和用承运人的集装箱进行的运输；⑥用单车型式车辆进行的集装箱运输和用牵引车加挂半挂车的列车组合形式进行的集装箱运输。

2. 按运输条件分类

按运输条件分类，公路货物运输分为普通货物运输和特种货物运输。特种货物运输包括以下类别：

（1）大型特型笨重物件运输。因货物的体积、重量的要求，需要大型或专用汽车运输的，为大型特型笨重物件运输

（2）危险货物运输。危险货物运输是指对非常规物品使用特殊车辆进行运输。

（3）鲜活货物运输。包括易腐货物、活动物和有生植物等的运输。

鲜活货物运输运输条件包括：①托运需冷藏保温的货物，托运人应提出货物的冷藏温度和在一定时间内的保持温度要求；②托运鲜活货物，托运人应提供最长运输期限及途中管理、照料事宜的说明书，货物允许的最长运输期限应大于汽车运输能够达到的期限；③运输途中有需要饲养、照料的有生命生物、植物，托运人必须派人押运。

3. 按运输速度分类

按运输速度分类，公路货物运输可分为普通货物运输和快件货物运输。要求在规定的时间内将货物运达目的地的，为快件货物运输。

4. 按运输车辆分类

按运输车辆分类，公路货物运输可分为普通车辆运输和特种车辆运输。凡由于货物性质、体积或重量的要求，需要大型汽车或挂车（核定载重吨位为40t及以上的）以及容罐车、冷藏车、保温车等车辆运输的，为特种车辆运输。

5. 按经营方式分类

按经营方式分类，公路货物运输包括以下类别：

（1）公共货物运输。是以整个社会为服务对象的专业性公路货物运输，其经营方式主要包括：定期定线运输，定线不定期运输，定区不定期运输，出租汽车货运，搬家货物运输。

（2）契约货物运输。是按照承托双方签订的运输契约进行货物运输。

（3）自用货物运输。自用货物运输是指使用自有的公路运输设备，运输自有的、承租的或受托的货物。

（4）汽车货运代理经营的货物运输。汽车货运代理经营的货物运输是指把委托的货物，通过指定的公路运输方法，从一地运往另一地。

（二）公路旅客运输的乘车条件

公路交通运输是我国中短途旅客运输的主力军，为维护公路旅客运输市场秩序，保障公路旅客运输安全，保护旅客和经营者的合法权益，对旅客乘车条件、旅客携带物品等方面有明确的规定。

1. 公路旅客乘车条件

（1）持有效客票乘车。

（2）维护乘车秩序，遵守公路规章，遵守社会公德。

（3）接受车站值勤人员对危险品的检查。

（4）成人须购全票。每一位成人旅客可携带 1 名 6 周岁（含 6 周岁）以下或者身高 1.2 米（含 1.2 米）以下且不单独占用座位的儿童免费乘车，需单独占用座位或者超过 1 名时，超过的人数执行客票半价优待，并提供座位；6~14 周岁或者身高为 1.2~1.5 米的儿童乘车，执行客票半价优待，并提供座位。证明儿童年龄的有效身份证件包括中华人民共和国居民身份证、中华人民共和国临时居民身份证、港澳台居民居住证、港澳居民来往内地通行证、台湾居民来往大陆通行证、护照、外国人永久居留身份证等。在客车满载情况下免费乘车儿童数量不得超过核定载客人数的 10%（舍去小数位取整）。

（5）不准乘车的旅客包括：①不遵守汽车客运规章并不听劝告者；②精神失常无人护送或虽有人护送仍可能危及其他旅客安全者；③恶性传染病患者。

（6）违反公路旅客乘车条件的处理。

第一，旅客无票或持无效客票、不符合规定的客票乘车，除补收始发站至到达站全程客票价款外，并处以 100% 的罚款。

第二，旅客在小件物品或行包中藏匿危险品或其他禁运物品进站、上车或办理寄存、托运，按规定处理：①未造成危害和损失的，没收其携带的全部危险品和禁运物品并视情节轻重处以 30 元以下罚款；②已造成危害和损失的，除移交公安、司法机关追究治安、刑事责任外，还应赔偿全部经济损失。

2. 公路旅客携带物品的规定

（1）免费携带物品。每一张全票（含残废军人票）免费 10kg，每一张儿童票免费 5kg；体积不能超过 0.02m³，长度不能超过 1.8m。超过规定时，其超过部分按行包收费；占用座位时，按实际占用座位数购票。

（2）不能携带的物品包括：①易燃、易爆等危险品；②有可能损坏、污染车辆和有碍其他旅客安全的物品；③动物（另有规定的除外）；④有刺激性异味的物品；⑤尸体、尸骨；⑥法律和政府规定的禁运物品。

（3）限量携带的物品。在保证安全、卫生的条件下，乘坐城乡公共汽车和普客班车的每一位旅客可携带少数的雏禽或小型成禽乘车，但须装入容器，具体数量由各省级交通主管部门规定。

3. 公路行李包裹运送的要求

对公路交通运输过程中行李包裹的范围和运送条件进行如下相关规定：

（1）公路行李包裹的范围。

第一，每位旅客随车托运行李包裹（简称行包）总重量一般不能超过 40kg。行包单件重量不得超过 30kg，体积不得超过 0.12m³。

第二，危险品及政府禁运物品不得夹入行包中托运。

（2）公路行李包裹运送的基本要求。

第一，行包要包装严密，捆扎牢固，标志明显，适宜装卸。

第二，托运限运物品应持有关证明。

第三，机密文件、贵重物品、易碎品、易污品、武器、精密仪器、有价证券等物品须旅客自行携带看管。

第四，旅客自行携带看管的物品超过规定重量和体积的为自理行包，按行包计费，如占用座位，须按占用座位数购买车票。

第三节　公路交通运输经济的发展形势

公路交通运输是国民经济发展的基础，以公路作为运输设施，汽车作为运输工具，实现城市、乡镇之间的货物、人员的传递。公路交通运输不同于铁路、水路、空中运输方式，它不但运输范围广，运输费用较低，而且调度灵活，对地形的要求不高。公路交通运输作为交通运输行业的关键一环，可以充分发挥其运输特点，为区域经济的发展做出贡献。

公路交通经济是社会经济的一个重要组成部分，是国民经济发展的动脉。公路交通运输的畅通满足了中短途货物运输和旅客的需求，缓解了铁路运输的压力，降低了经济发展的成本，而且公路交通运输缩短了城市和农村之间的距离，提供了更多的就业岗位，促进了劳动力的转移，推动了区域经济的均衡发展。公路交通运输经济的发展形势主要表现在以下方面：

一、平衡调控各地区发展

随着现代科技的进步和经济的发展，公路交通运输对地区经济的发展有着重要的作用。公路交通网络不仅为地区经济发展提供了方便快捷的运输条件，而且促使各种先进的技术和资源进行优化整合，形成了具有特色的区域经济链。由于各地区的经济发展、自然资源、人力情况不一，因此各地区的发展状况也不尽相同。

一般来说，在公路交通运输发展之初，公路交通经济主要体现在货、客运输中，但不可忽视的是，公路交通运输范围的扩大，会将资金、资源、人力带到具有发展条件的地区，为落后地区的发展提供了资源和动力，为区域经济的均衡发展提供了条件。随着公路交通运输的不断发展，相关工程的建设会带动建筑、工业、零售等行业的发展，使地区的经济体现出一定的规模。因此，需要有更为先进的管理技术和制度，这些不但为地区经济的快速发展提供了保障，而且具有的调控作用使地区经济的发展更为均衡。当公路交通运输状况不断得到完善，运输质量和服务水平不断得到提高，信息更容易得到交流。相对落后的地区可以依靠交通运输的便利条件，缩短与城市之间的差距，从而使地区经济得到平衡发展。

二、调节控制各行业成本

随着公路交通运输在运输设施、交通工具以及公路状况等方面的状况不断改善，不但缩短了运输距离，降低了物流成本，而且汇集了各行各业的信息资源，有效降低了行业生产和发展成本。公路交通运输对各行业的成本调节主要体现在以下方面：

第一，随着现代电子信息技术的不断发展，未来的公路交通运输将会普遍采用智能运输的方式，物流运输的智能化发展对公路交通运输的通行能力、安全性以及效率性都有很大的提高，同时公路交通拥堵状况和运输对环境的污染问题将会得到有效的改善，也会提高公路交通运输经济的效率和效益。

第二，电子商务以及现代物流的发展，为公路交通运输经济注入了活力，便捷的交通环境使各行业对供应商和销售商的距离依赖程度越来越低，对物流行业的依赖程度越来越高，公路交通运输促进物流发展的同时，有效降低了各行业库存数量以及仓库管理费用，制定最为合理的成本控制策略。

第三，公路交通运输的便利性使行业朝着产业链的形式发展，从原料供应到生产加工再到最终销售，由于各环节之间联系的加强以及产业内部资源的有效整合，节约了货物的运输成本，提高了资源的利用效率。做到了对生产成本的调节和控制。

总之，公路交通运输在交通设施、公路状况以及交通工具的改善，缩短了货物运输的距离，降低了物流的成本，是各行业发展的重要前提，同时，交通运输行业的发展促进了各行业信息交流，使区域内资源得到有效的利用，为行业朝着产业链的发展创造了条件，随着社会经济化和工业化程度的加深，公路交通运输经济不但对经济的发展起到推动作用，而且通过对区域资源进行有效整合，从而调整产业结构、促进行业发展。

三、公路交通发展的可持续性

公路交通运输经济对促进地区经济的发展有着重要的作用，同时作为国民经济发展的动脉，对社会经济发展的重要性也不容忽视，因此，如何保障公路交通运输经济发展的可持续性，是未来公路交通发展的趋势。

第一，在公路交通运输中，最重要的就是交通运输系统，交通运输是一切行业发展的前提，因此未来交通行业的发展必须优先发展交通运输系统，随着信息技术的发展，未来智能产品将更多地应用于公路交通运输中，提高交通运输的效率和效益。

第二，目前公路交通运输的效率依然依赖于市场经济的良性竞争以及交通制度的改革，为保障交通运输的可持续发展，必须降低交通运输发展的制度成本，加快交通体制改革，通过提高运输系统的交易效率和对市场经济的适应能力，从而为社会经济系统提供更好的基础服务。

第三，未来公路交通经济的发展有赖于交通设施的完善，高效的交通运输系统能降低经济系统的交易费用，促进市场扩大和劳动分工，并增进市场竞争，加快交通建设是迅速扩能和结构优化的基础。

总之，公路交通运输是国民经济的重要组成部分，公路交通运输经济的发展有利于国民经济的发展和社会的和谐稳定，因此未来的公路交通经济发展应当根据经济发展的战略和地区发展的特色进行合理布局，使有限的资源得到合理利用，同时应当改善交通基础设施，优化运输方式，提高公路交通运输管理效率，从而促进公路交通运输经济可持续发展。

第四节　经济新常态下公路交通运输经济管理的必要性

公路交通运输与经济管理有着密切的联系，公路交通运输不仅使我国经济实现了可持续发展，而且在经济发展过程中也发挥了重要作用。经济的有效发展主要取决于货物和货币的自由流通，而货币是货物自由流动的保证。我国经济处于快速发展状态，中国市场商品流通量不断增加。随着互联网时代的到来，在网络经济和实体经济两个因素的影响下，国家经济发展水平进一步提高，同时也给公路交通带来了额外的压力。公路交通运输经济的管理不仅保证了中国经济的稳定发展，也提高了公路交通运输的作用。只有公路交通运输得到有效发展，才能实现货物在该地区的有效流动，同时增加货币交换。为了使中国能够保持社会经济的和谐有序发展，公路交通运输与经济管理之间也需要建立一定的协调关系。

公路交通运输是公共商品流通和公共生产的必要条件。公路交通运输经济是中国国民经济的基础。"随着时代的发展和社会的进步，我国的交通运输管理行业已经成为交通运输的重要组成部分。"① 在新常态经济环境下，我国公路交通运输部门的管理工作取得了很大进展。公路交通运输经济面临着新的机遇和挑战，因此，要加强对公路交通运输经济的管理。

一、公路交通运输是社会经济稳定发展的保障

偏远山区的经济发展水平相较于城市来说缓慢、落后，造成这种现象的主要原因就是偏远山区地形复杂，交通建设的难度大、成本高，导致偏远山区交通落后，落后的交通状况限制和影响偏远山区与外界的沟通，进而使偏远山区经济和社会发展水平落后于城市。而城市中，特别是平原地区及沿海城市，各种交通形式都发达通畅，铁路、公路、航路、地铁等遍布整个区域，四通八达的交通促进了地区经济增长。由此可见，交通是经济和社会发展的基础保障，经济和社会发展的前提就是要开发建设当地的交通，促进内外界的相互沟通及物资、人力等各种资源的传输和利用。目前所有的交通类型中，最普及、最常见的交通方式就是公路交通运输，随着经济新常态的到来，公路交通运输的便捷性、重要性、普遍性等优点越发凸显，为国民经济的发展带来了巨大的促进作用。

二、公路交通运输经济管理推动区域经济发展

"社会经济的发展进步，离不开公路交通运输行业的支持，相较于航空、水运以及铁路运输而言，公路交通运输有其特有的优势。公路交通运输在一定程度上影响着城市与农村间的区域经济总量、生产力布局以及区域产业结构，对人们的生产生活有着一定的促进作用，是一个区域内经济发展的根本保障。"② 公路交通运输既有坚实的基础，也有一定的适用性。公路交通运输不仅拓展了人们的生活空间，也有助于区域间更密切的互动。公路交通的科学公平分配，不但可以充分发挥其作用，同时也会促进区域经济的发展。

公路交通运输不仅能够使各区域的经济生产活动有序进行，从时间和空间上合理配置和利用各生产资源，同时还能够促进区域与区域之间的经济交流，实现各区域经济的共同发展进步。公路交通运输是区域经济活动的主要载体，是提升国民财富的重要工具，它能促使各区域劳动分工更加快捷便利、成本低，劳动效率和劳动效果都能得到显著提升。生产、消费、交换、分配等环节是社会经济生产的必要环节，公路交通运输能将社会经济生

① 吕京明. 降低公路交通运输成本的策略探讨 [J]. 中国商论，2017（19）：49.
② 姚小娟. 试论公路交通运输在区域经济发展中所起的作用 [J]. 中国商论，2016（9）：125.

产的各环节相互连接，使整个社会经济生产更加完整化、全面化，促进社会经济生产的有序进行。

随着国家经济的现代化发展，不管是国有企业，还是民营企业等，各类形式企业的发展都离不开交通运输业的帮助和扶持。公路交通运输业在整个交通运输业中的地位举足轻重，是人们日常生活中最常见、最主要的交通方式，不仅能够保证各类生活物资的运输及人们日常出行等活动的正常开展，同时也帮助和促进各生活工作项目设施的建设，进而促进了社会的和谐稳定发展。

三、公路交通运输经济管理促进资源配置优化

公路交通运输行业在实际的发展过程中涉及各方面的信息和数据需要，对这些数据和信息进行整合分析，才能够准确掌握当前社会经济的发展情况和动态变化，为之后的发展和管理工作提供更加准确的信息支持。因此，需引进先进的信息技术，通过大数据技术建立完善的信息管理系统，这样才能够准确地获取更加全面的数据信息，从而进行资源方面的优化和整合。将管理系统和其他的业务系统进行有效融合，管理系统对信息进行整理，能够有效提高信息整合的速度和质量，避免误差出现。依据这方面的数据信息，能够制定出更加具有针对性的发展策略，从而促进交通运输行业的稳定发展，为人们提供更加全面的服务。

四、公路交通运输经济管理推动公路体系完善

公路交通运输行业在发展过程中，需要结合各个区域的发展实际情况，最大限度地完善相关的运输网络建设，这样才能够符合地方实际；需要优化整个运输过程中的各项配置，提高公路交通运输整体的使用效率，才能够更好地提高公路交通运输经济。对于目前已有的公路，需要进行全面调查和分析，听取各方面的意见，找出其中存在的问题和缺漏，采取针对性的措施进行改变和完善。例如，公路的某一段所设置的限速存在一定问题，就会对行车的速度造成影响，需要结合当前的运行情况，适当地提高限速，这样才能够有效提高公路交通运输的效率。但是在问题解决的过程中，也需要充分地考虑限速标准是否能够保证行车的安全，要在保证安全的基础上进行适当的提高。

不仅需要有效提高公路交通运输的效率，同时也需要提高运输的质量，这样才能够全面促进我国运输行业的发展。通过现代化的建设以及应用先进的技术和设备提高公路建设的整体质量，这样才能够充分利用运输资源。相关建设单位在实际的建设过程中，需要注重技术应用，提高各个环节的施工质量，这样才能够保证公路交通运输的质量，为人们的

日常出行和货物的运输提供更加稳定且安全的服务。

五、公路交通运输经济管理促进资金保障强化

在建设前期，公路交通运输行业要对整个项目进行全面分析和把控，切实考虑到项目的可行性以及经济效益，需及时套取市场信息，掌握市场各项动态，这样才能实现资金高效利用，只有进行充足分析和判断，才能够保障项目的经济收益。在建设中期，需要对整个建设环节进行精细化管理，把握所有的技术操作，这样不仅能够有效提高建设项目整体的质量，同时也能够有效降低成本方面的消耗。在建设完成之后，需要对使用的情况进行全面关注，查找建设过程中存在的不足之处，为之后的工作奠定基础，积攒经验。公路交通运输行业在实际的发展过程当中获得更多的资金投入，要积极地获取财政方面的支持，这样才能够增加稳定的资金投入。对于资金方面的渠道拓展，也可以采用其他的模式进行资金引入，同时提高企业的品牌形象，这样才能够吸引更多的投资，从而实现共赢。这样资金短缺的问题能够得到有效解决，公路交通运输经济也能够得到更加稳定的发展，为人们的出行和社会的运输提供更加稳定的支持。

第二章　公路交通运输需求分析

第一节　交通运输需求的基础认知

一、需求的基础认知

（一）需求的基本概念

需求是指针对某种商品或服务，在一定的时间内，对于每一种可能的价格，消费者愿意并且具有支付能力的购买数量。需求在经济学中又被称为有效需求，"有效"是说除了有购买欲望，还必须要有支付能力。人们想要得到很多东西，都有很多的需要或欲望，但一般而言，人们的需要很难得到完全的满足，除非愿意并且能够支付你可能想要的东西，否则的话"需要"并不成为"需求"。因此，理解经济学中需求的概念，需要把握三方面的含义：①需求是和时间密切相关的，不同时间的需求是不一样的；②不同的价格对应不同的需求数量，消费者愿意购买的商品或服务的数量与价格水平密切相关；③消费者必须具有相应的支付能力。欲望人人都有，一个身无分文的流浪汉也想拥有豪宅，但这仅仅是欲望，构不成需求。这里需要对两个概念加以区别：需求与需求数量。从需求的定义可以看出，需求包括了在每一种价格下所对应的购买数量。

需求数量指的是在其他条件不变的情况下，对于某个具体的价格，消费者愿意购买并能够支付的商品或服务的数量。与个人需求相对应的是市场需求。市场需求是个人需求的总和，是全体消费者在某商品或服务的各个价格水平下愿意且能够购买的各个可能数量的总和。通常经济学家讨论的是市场需求，现实生活中，企业不关心作为个人的顾客 A 或顾客 B 是否真正购买他们的产品，企业关心的也是市场需求，即社会上会有多少人购买他们的产品。

需求可以用需求表的形式来表示。需求表是一个价格和需求数量的二维表格，表明价格和数量的一一对应关系。需求告诉我们，在各种不同的价格水平下消费者会购买的数量；需求数量告诉我们，在某个特定的价格水平下消费者会购买的具体数量。

（二）需求法则

日常生活中我们都有这样的体会，人们购买一种商品的数量在很大程度上取决于商品的价格。在其他因素不变的情况下，一种商品的价格越高，人们愿意购买的数量就越少；反之，价格越低，人们购买的数量就越多。这体现了需求的一个重要方面：在低价格下的需求数量不同于在高价格下的需求数量，具体地说，你的需求数量与价格成反比，即向相反的方向变化。

价格是市场调整个人欲望并限制人们需求数量的工具。当商品稀缺、价格高涨时，随着价格上升，人们的购买数量会减少；当商品充足、价格下降时，随着价格下跌，人们的购买数量会增加。"看不见的手"——价格机制会确保人们的需求与可获得的商品相匹配。

经过科学观察和研究，经济学家发现上述现象具有普遍性，因此人们总结归纳出称之为需求法则的规律：在其他条件不变的情况下，商品的需求数量与商品价格成反比。需求法则揭示了商品需求数量随价格上升而下降的趋势。需求数量随价格的上升而下降，原因有以下两点：

1. 替代效应

替代效应指的是当某一物品的价格上升时，消费者倾向于用其他物品来替代变得较为昂贵的该种物品，从而更便宜地获得满足。很多的物品之间具有可替代性，当一种物品的价格上升时，我们会用其他类似的物品来替代它，从而减少了对原来物品的消费量（当然前提是可替代物品的价格没有变化）。比如禽流感的流行导致了鸡肉供应的短缺从而使鸡肉价格上涨，这时人们会转而增加牛肉或猪肉的消费从而减少对鸡肉的购买。

2. 收入效应

收入效应指的是物品价格变化通过对消费者实际收入的影响，进而影响消费者对该物品的需求数量。当价格上升时，尽管我们的收入没变，但会发现自己比以前变穷了，实际收入降低了（实际收入指货币能够购买到的物品的实际数量），他们的钱不再足以购买以前的数量，自然会减少消费开支。

二、交通运输需求的特点

交通运输本质上是一种位移服务而非有形的商品。交通运输需求是指针对某种交通运输服务，在一定的时间内，对于每一种可能的价格，消费者愿意购买并能够支付的位移服务数量。

根据运输对象、运载工具方式以及位移起讫点的不同组合，形成了不同种类的交通运输服务。运输对象有人和不同种类的货物；运载工具方式有铁路、公路、水运、航空、管道等宏观层面的运输方式的不同，以及同属公路运输的大客车、小汽车运载工具的不同；而位移起讫点更是散布在不同的地点。交通运输需求是一种位移服务需求，既包括运输对象的位移，也包括运载工具的位移。

交通运输需求被认为是一种派生出来的需求，不是本源性的社会需求，而是由社会经济中的其他活动所引发出来的一种需求，运输需求取决于社会经济中其他活动所提出来的对货物或旅客在空间位移的需要。实际上涉及商品在不同地区的生产和消费情况，交通运输需求与其他商品需求相比，有其特殊性，这种特殊性表现在以下方面：

（一）非物质性

人们对商品的需求都是有形的物质性需求，需求的满足主要通过物质产品本身的效用实现而获得。而交通运输需求是一种非物质性的位移服务需求，消费者支付货币后，实际消费的并非物质产品，而是非物质性服务。由于服务不具有物质形态，因此服务不能被存储和保管，服务的生产和消费只能同时发生，服务的无形性和不可存储性使服务功能和能力具有易逝性。

（二）派生性

在人们的实际需求中，存在着包括交通运输需求在内的各种需求。这些需求可分为两大类：一是直接性需求或称为本源性需求；另一种为间接性需求，即派生性需求。在经济生活中，如果消费需求的满足主要通过商品或服务本身的效用实现而获得，这种需求称为本源性需求。如果对一个商品或服务的需求是由另一种或几种商品或服务的需求所衍生出来的，那么对该商品或服务的需求称为派生性需求。如旅客乘车，乘车不是他的最终目的，而是通过乘车实现其空间位置的改变，最终满足其上班、购物、探亲、访友或其他需求。货物的移动也不是目的本身，是为了使其进入生产过程，进行加工、制造，生产出更有用的产品，或者是为了运抵市场，进入消费领域，满足人们的消费需求。运输不过是一个中间环节，交通运输需求是派生性需求。

（三）空间矢量性

交通运输需求是对货物、旅客或交通工具进行空间位移的要求，而且这种位移带有方向性。两点之间的交通运输需求带有方向性，不同方向的需求数量也不同，此所谓交通运输需求的空间矢量性。

比如，农产品产地在农村，而市场在城市，这就决定了农产品的运输需求是从农村到城市。对于货物运输来说，运输需求在方向上往往是不平衡的，如通往林区、采矿场及煤矿的线路上，一般是进货少、出货多，或者是空车去、重车回，形成单边运输。对于城市内的交通出行需求，往往在上班时，从居住地到工作地的交通需求非常大，经常会出现交通拥挤的现象，而相反的方向，从工作地到居住地的交通出行需求比较小，会出现道路资源的空闲。

交通运输需求这种空间上的矢量性或不均衡性，使交通运输供给为了满足重载或高峰方向的需求需要配备较大的能力，而由于运载工具必须在双方向间均衡使用，因此会造成供给能力的浪费。

（四）时间特定性

交通运输需求在时间上也有一定的要求，位移服务需要在一定时间内完成，不同时间段内的需求数量大小也有显著的区别，这就是交通运输需求的时间特定性。

交通运输需求的时间分布呈现不均衡状态。在一天之内、一年之内，甚至更长时期内，都是如此，因而有需求的淡季和旺季之分。从客运需求来看，周末和重要节日前后的客运需求明显高于其他时间；市内交通的高峰期往往是在职工上下班的时间；寒暑假期间，学生的运输需求集中。对货运需求来说，大多数作为货物的商品在生产和消费上都有季节性，有的在生产上是均衡的，消费上却不均衡，如化肥、农药等；有的在生产上不均衡，消费上却是均衡的，如粮食、蔬菜；有的生产和消费都不均衡，如水果等。交通运输需求这种时间上的特定性或不平衡性也会增加交通运输供给组织的难度。

（五）多样性

人类活动的目的形式是有很多种的，所产生的作用、关系也是丰富多彩的，由此产生的交通运输需求在方向、范围、强度和质量上也是各不相同的，交通运输需求具有多样性的特点。在货运需求中，由于货物不同的物理、化学性质，以及在重量、体积、形状上的不同，需要不同的包装、保管和运输条件来保存它的使用价值，因而在运输过程中必须采取不同的技术措施。如油品等液体货物需要用罐车、油船、管道来运输，化学品、危险品以及长大件货物等也都要求特殊的运输条件。旅客运输需求对服务的要求也是多种多样的，旅行目的、旅行时间、舒适程度等都有所不同，呈现多样化的特点。

第二节 货物与旅客的运输需求

一、货物运输需求

(一) 生产地的区位决定

1. 工业区位理论

(1) 工业区位分析的基本思想。工业区位分析的基本思想,是根据加工过程中原材料或产成品减重或增重的程度确定加工厂的位置。凡加工过程减重程度较大的产业,被认为应该设立在原料集中的地点;而加工过程增重程度较大的产业,则应设立在靠近市场的地点,例如造纸厂(包括纸浆厂)和糖厂等,绝大多数都设立在原料产地,例如加拿大和北欧国家有丰富的木材资源可以造纸,但它们大量出口的是加工过程中已经减重很多的纸张或纸浆,而不是造纸的初始原料,制糖厂也大都建在甘蔗或甜菜产地;而如饮料业,则大多设立在靠近消费地的地方,最明显的例子就是全球最大的饮料厂商可口可乐公司为了节约运输成本,而把自己的分装厂建在了全世界几乎所有被它打开市场的国家。

即使所有地方的气候条件、土壤肥力、矿产资源及人口密度等各方面的情况都没有差别,从长期看也仍然会有地区之间的货物运输需求。既然所有的地方都有同样的生产条件,都可以生产自己所需要的各种消费品,还需要地区之间的贸易和运输的原因在于生产的专业化可以获得更高的效率,每一种产品的生产都有一定的规模经济,在该范围内生产规模越大,产品的单位生产成本越低,这就使每一个地区并不是生产所有自己需要的产品都合理,而是低成本地集中生产某些产品,并用自己具有成本优势的产品去交换自己需要的其他产品。这样,地区之间的贸易和运输就是不可避免的了。

(2) 杜能的工业区位理论。这一理论是农业区位方面最著名的早期代表人物杜能提出的。杜能关于工业区位的主要思想与其在分析农业区位时的思想保持一致,在均质的大平原上,以单一的市场和单一的运输手段为条件,研究农业经营的空间形态及产地与市场间距离的关系。按照 19 世纪的运输条件,都能证明了易腐产品和重量大、价值低从而不利运输的产品应该靠近市场生产,而不易腐坏和每单位重量价值较高、相对较易运输的产品则可适当远离市场进行生产。以市场为中心就会形成一个呈同心圆状的农业空间经营结构,即"杜能环"。运输费用是决定利润的决定因素,而运输费用则可视为工业产品的重量和生产地与市场地之间距离的函数。因此，工业生产区位是依照产品重量对它的价值比例来决定的，这一比例越大，其生产区位就越接近市场地。杜能的分析虽然很形式化，他的假设条件距离现实也很远，但他的开创性工作为区位理论的形成做出了巨大贡献，也成为后来农业区位、土地和地租分析进一步发展完善的基础。

（3）韦伯的工业区位理论。工业区位理论的另一位代表人物韦伯认为工业区位的形成主要与运费、劳动力费用和生产集聚力三个因素有关，其中运费具有把工业企业吸引到运输费用最低地点的趋势，而劳动力费用和生产集聚力具有使区位发生变动的可能。韦伯方法是先找出最小运输成本的点，然后再考虑劳动力成本和聚集效益这两项因素。工业区位的决定应最先考虑运输成本，而运输成本是运输物品的重量和距离的函数。所有潜在的顾客都定位于 M，而制造厂所需的两种原材料分别位于 S_1 和 S_2。假设所有其他生产因素在所有潜在生产地都可自由地获得，并且从地形学来说，假设所有活动都在一个均匀平面上运行。假定运输费用与间隔的距离和所运货物的重量成正比。因此，制造厂的选址取决于不同原材料所在地和市场的相对拉力。为制造厂寻求总成本为最小的地点 Z，使运输总成本（TC）达到最小的地点 P，即：

$$Min: TC = w(M) \times d(M) + w(S_1) \times d(S_1) + w(S_2) \times d(S_2) \qquad (2-1)$$

式中：$w(M)$——在 M 处所消费的最终产品的重量；

$w(S_1)$——生产最终产品 $w(M)$ 所需的在 S_1 处所能得到的原材料的重量；

$w(S_2)$——生产最终产品 $w(M)$ 所需的在 S_2 处所能得到的原材料的重量；

$d(M)$、$d(S_1)$ 和 $d(S_2)$——选址地点距市场 M、原粮产地 S_1 和 S_2 的距离。

2. 区位理论的发展

（1）工业区位理论的不足。虽然工业区位的理论模型可以使人们看清运输所起的作用。可以通过调节区位三角形的边来取得最经济的效果，但要求做相当复杂的修正。困难在于，在这些情况下，区位和运输费用是共同决定的；如果不知道最后定位处，就不可能估计出长途运输的经济重要性（如果有）。如果其他条件不变，递减的运费率（即每千米的运费率随距离降低）在某些情况下会使企业或者迁移到原材料产地或者迁移到最终产品市场。另外，学者认为韦伯的最小成本区位方法并不正确，企业选择的目的是获得最大的利润，而最低的生产成本往往并不能带来最大利润。

正确的方法应当是找出最大利润的地方，因此需要引入需求和成本这两个空间变量。在很多情况下，运输成本只是总生产成本的很小一部分，要获得并寻求最低成本地点所需信息的费用，比较之下忍受次优情况低效率的损失更多。通过观察运输成本在生产成本中的相对重要性，分离出对运输成本不敏感的行业。假设其他条件不变，诸如皮革、仪器、印刷等行业比起化学、木材等行业来，前者选择厂址时受运输因素的影响较小。而像煤矿、黏土、砂石开采等行业，体现了韦伯区位三角形中的节点解，即在原料产地进行生产。

（2）现代企业选择的影响因素。世界工业结构的改变，特别是从基础工业到制造业与服务业的转移，使运输对区位决策的影响不断减小，至少在地区之间是如此。此外，几乎在所有工业化国家中遍布各地的运输和通信网络，使接近良好的运输系统比过去容易了许多。成本统计也可能会使人对运输因素的影响产生轻微扭曲的印象。在很多部门中运输成本可能只占产出成本的较小比例，但对于利润有着值得注意的影响。运输成本在某些行业一般较低，但在地区间有很大不同。

简单的成本估计可能忽略了运输的其他特性（如速度、规律性等等）的变化，而这些变化会对决策者产生影响：可靠的城市间运输、良好的国际运输联系以及高质量的当地运输（雇用稀缺的熟练劳动力所必须具备的条件），对现代高技术产业是特别重要的。问及企业家的选址或再选址决策的动机时，调查结果也表明了运输因素的重要性。得到结论：在战后充分就业和加强土地利用控制的期间，接近市场和原料供应地在选址决策中常常不如稀缺熟练劳动力的可获得性和工厂可建得更大等因素重要。

对于新兴的高技术产业来说，由于产品"轻、薄、短、小"，高技术产品运费一般占产品成本比重微不足道，布局中的交通运输问题常被忽视。但很多近期的研究表明，影响高技术企业选址主要是良好的旅客运输设施，这是因为高技术产业的发端是耗资巨大而且发展迅速的，需要大量科学研究与工程技术专家。而从实验室和其他研究与开发设施到娱乐场所之间的地方交通质量十分重要，科学技术专家在选择工作地点时很重视这个条件。良好的都市内部客运和生活环境质量都是在传统工业布局中很少考虑的，但对于高技术产业很重要。此外，在新技术革命的今天，虽然电讯已十分发达，金融家、厂商和技术开发人员仍然需要方便的交通以面对面地洽谈业务和掌握信息。对于成功的企业来说，这类人员频繁地乘坐飞机，研究与开发活动区位对机场设施的要求比较高，不仅考虑节约时间，更重要的是安全和可靠程度。

在零售业和其他一些行业中，企业选址的影响因素可进一步扩展，包括企业接近顾客的愿望。调查表明，获得合适的劳动力是高技术企业和传统企业选址的关键因素。证据表明，当地运输条件对吸引或流动这类劳动力具有影响。因此，运输及与运输有关的因素，在现代工业的选址决策中仍然非常重要，近年运输的一些重要特征已有改变。

（3）满意策略。除了运输条件在区位选择中不是最主要的因素外，经济学家认为，企业并非总是受成本最小化的观念所左右。因此，分离出对企业而言的重要因素，不应归入成本最小化的构架中。在其他条件相同的情况下，运输成本低于某一水平的地方是可以接受的。更多的时候，人们一般选取最先碰到的合意地方。因此，在选址时企业常常采取令人满意的政策，而不是力求利润或收益的最大化或者是成本的最小化。

在选择过程中，作为决策者的个体无法做出完全理性的决策，他只能尽力追求在他的能力范围内的有限理性。于是，决策者通常会定下一个最基本的要求，然后考查现有的备选方案，如果有一个备选方案能较好地满足最基本的要求，决策者就实现了满意标准，就不再愿意去研究或寻找更好的备选方案。一方面，人们往往不愿发挥继续研究的积极性，仅满足于已有的备选方案；另一方面，由于种种条件的约束，决策者本身也缺乏这方面的能力。因此，决策者承认自己感觉到的世界只是纷繁复杂的真实世界的极端简化，他们满意的标准不是最大值，不必去确定所有可能的备选方案，由于他们感到真实世界是无法把握的，决策者往往满足于用简单的方法，凭经验、习惯和惯例去办事。因此，导致的企业选址结果也各有不同，运输成本所起的确切作用变得几乎难以确定，一旦选定了区位，只有运输成本大幅上升，才能克服伴随着管理目标的基本惯性。

3. 运输与土地利用的关系

在运输与经济的发展之间存在联系，但二者之间的因果关系比较复杂。虽然人们现在已充分认识到这些相互作用，但要建立能全面反映所有这些联系的综合理论，实际上很困难。运输和土地利用变化不断对空间的充分利用做修正的事实，使问题进一步复杂。因为存在不中断的因果循环，所以难以断定在哪一点插入这个变化的连续体是切合实际的。因此，从实际出发，人们必须做出谨慎的判断，是把土地利用看作是受运输的影响，还是反过来运输受土地利用的影响，最后的决定必须取决于正在考虑的问题。

城市规划专家往往把运输视为影响因素，注意的焦点在于城市空间的规模与结构。例如出现某种人口密度，或者发生特定的城市经济互相作用。与之相对应，运输经济学家通常接受特定的土地利用模式，并在它的约束内研究提供有效率的运输服务的方法。因果关系是从土地利用到运输，土地利用是预先决定的，各个生产地与消费地的位置都是已经确定的。

在短期的运输需求分析中假设是可以成立的，而且我们只能在各生产地与消费地的位置已经确定的情况下讨论运输供求的短期平衡。在一个很长的时期中，什么因素决定了这些生产地和消费地所在的位置，而交通运输条件又起着什么作用？有不少地理因素是人类无法控制的，例如气候条件、土地和矿产资源的分布、可通航的水域等，于是人类生产和经济活动的分布在历史上就自然形成了，像种植业和采矿业的地理位置、水运航道的走向等，人们的运输活动只能去适应这些已有的地理分布，但许多产销地点的布局与运输条件以及运输价格之间是相互影响的，特别是一些制造业的选址与交通运输的关系非常密切。

但随着我国的工业重心逐步向南部地区迁移，东北作为汽车工业产地的主要优势就不那么明显了，一些最新的汽车厂主要在我国东南部地区设点，其中节约运输费用因素至关重要。因此可以说，一方面制造业的布局是决定运输需求的重要因素，而另一方面，运输条件及运输成本又在某种程度上决定了制造业的区位。

（二）货物运输需求的属性

货物运输需求是广义的概念，泛指社会经济活动提出的货物空间位移需要。货物运输需求产生于人类生活和社会生产的各个环节，个人、企业、部门、区域或国家都有可能提出空间位移的需要。一般认为，社会经济活动对运输的需求可以通过运输量的形式反映出来。（货物）运输量可以反映为载运工具的流量，也是所运送货物的货运量或是周转量。虽然运输量的大小与运输需求的水平有着十分密切的关系，运输量本身并不能完全代表社会对运输的需求特征，运输量反映的是被一定运输供给水平（基础设施、载运工具、运输组织条件等）所限制的运输需求量，如果运输供给水平允许或是得到提高，潜在的运输需求就会显现出来；反之，运输需求量将会被进一步抑制。

运输需求的物理特征包括流量、流向、流程、流时和流速5个要素。此外，运输需求还具有一定的结构性特征，例如可靠性、便利性、安全性等等，反映着对于运输服务质量的要求。

1. 运输距离

尽管重工业和农业在发达国家经济结构中所占的比重已经有所下降，但所引起的运量或运输需求在总货物运输量中仍占有很大比例。

运输距离是衡量货物运输需求结构的一个重要方面，大多数货物运输需求产生于地方性的运输，运输距离小于100英里的货物发送量超过了总发送吨数的一半，随着运输距离的延长，货物发送量所占的比重也逐渐缩小，超过1500英里运输距离的货物发送量只占总发送吨数的约4%。由于运输距离越远，相同吨数货物所产生的吨公里数越大，因此远距离货物运输所占的周转量比例要比其发送量比例高。1000~1500英里运输距离上只占货物发送量6%左右的货物占了周转量比例的约22%，而超过1500英里运输距离的货运周转量比重大于100英里以内运输距离的货物。国土面积的大小对货物运输距离具有重要影响。

2. 货物批量

（1）经济订货批量模型。货物批量指的是一批次运输货物的重量，货物批量也是衡货物运输需求结构的另一个重要方面。早在 1977 年美国著名经济学家萨缪尔森就已经意识到了货物批量对于运输方式选择的重要性。萨缪尔森认为，货主的运输决策不仅仅是选择运输方式的问题，而是同时选择运输方式和货物批量的综合性问题。通常情况下，货物批量是决定性的。借用物流中的经济订货批量来说明货物批量的决定因素。经济订货批量模型是目前大多数企业（货运需求者）最常采用的货物定购方式，该模型适用于整批间隔进货、不允许缺货的存储问题。假定：企业能够及时补充存货，需求量稳定；并且能够预测；存货单价不变，不考虑现金折扣；企业现金充足，不会因现金短缺而影响进货；所需存货市场供应充足，不会因买不到需要的存货而影响其他。

在上述假设下，企业的年存货总成本为年订货成本和年储存成本之和，即：

$$TC(Q) = DS/Q + QK/2 + F \qquad (2\text{-}2)$$

为了使年存货总成本达到最小值，可以运用微积分推导出最优订货批量 Q^* 的表达公式：

$$Q^* = \sqrt{\frac{2DS}{K}} \qquad (2\text{-}3)$$

货运需求者的订货成本与储存成本之间存在着背反关系，导致总成本呈 U 形曲线，因此存在着使总成本最小的经济订货次数。而经济订货批量为年货物总需求量除以经济订货次数。因此，货运需求者每年的订货次数或者说每次的订货量不仅与运输成本有关，还受到库存成本的直接影响，导致现实中不同货物的批量存在着差异。

（2）货物种类与载运工具的装载量。从公式 2-3 中可以发现，如果某种货物的储存成本远高于运输成本或者年需求总量很高，则货运批量很低；若是运输成本远高于储存成本，则批量很高。如果运费上升，最优货物批量出现下降；如果年运输量或订货成本上升，最优货物批量也提高。

钢铁、煤炭、建材等货物的运输批量要明显高于生鲜农副产品和机械电子工业品，因为对于货物的运输来说，运输成本的影响较大。例如：煤炭的货物价值较低，定货量大、订货成本较低，仓储成本也较低。较低的运输与库存成本导致了货主偏向于采用重型卡车等规模运输方式进行大批量运输。而对于生鲜农副产品和机械电子工业品来说，产品在储存时出行货损和跌价的高风险导致了其储存成本很高。例如：由于电脑配件的货物价值较高、货运量较少、订货与仓储成本较高、货架期较短，货主倾向于采用小批量的货物运输方式。实际上，更多货物的运输与库存要求介于上述两者之间，并导致了市场上纷繁复杂的货运价格、运输批量和仓储要求，也解释了市场上一些货物之所以使用不同类型车辆进行运输的原因。

(三) 货运需求的影响因素

1. 偏好的影响

(1) 发货人对运输企业的要求。运输服务质量对运输需求是有实际影响的，然而对于经济计量分析来说，运输质量的概念目前却很难发挥更多的作用，原因在于很难给出运输质量的准确定义并进而收集到能够进行定量分析的实证数据。每一种运输服务都存在着很多方面的特点，对某些发货人来说，运输能力的大小可能是最重要的，对另一些发货人来说运输速度可能更重要，对第三类发货人可能更看重运输的可靠性包括正点服务，还有很多发货人可能对承运人的形象和服务态度十分注重等等。随着经济结构的转变，货物运输的轻型化、小批量、时间紧、安全可靠等特点越来越突出，因此无论是区内运输还是跨区运输，货主都把车型合适与发货迅速放在最突出的位置。

(2) 自备运输问题。在经济生活中还有一种现象，就是尽管专业受雇运输公司的能力越来越大，服务也不断改善，但还有很多一般的工商企业保留了自备运货车或车队。也就是说，这些企业或多或少要把一部分运输能力掌握在自己手里，除了必需的内部运输和短途接运，有些还要用于完成中远距离的运输任务。这种情况在各国都很普遍。一般情况下，维持自备车队的成本可能会高于利用专业运输公司。企业在更可靠、更容易控制、有利于与客户建立更好的关系、更快和更有灵活性等因素上的考虑都超过了对常规运输成本或运价的考虑，此外，满足特殊服务需要、专门化、反应和适应性、安全等因素也都是需要考虑的内容。综合起来看，只要专业运输公司的服务尚无法在这些方面超过自备车辆，就算运价可以更低，对运输质量越来越挑剔的客户们还是要做好准备。

2. 货物的价值

(1) 货物的运价弹性。对货运市场进行需求分析的意图之一，确定某一种或几种运输方式的运输需求对于运输价格变化的弹性。有学者认为这是运输需求分析最重要的目的，比预测总的运输需求更有实用价值，因为在现实中运输企业需要根据对运输需求弹性的分析决定自己在运输市场上的价格水平，政府也需要了解和掌握诸如社会运输需求对提高燃油税措施的反应程度等动向。

实际的弹性分析与计算结果与人们感觉到有差距，计算方法有误，也有计算的假设条件设立有问题，也有解释认为，弹性计算所根据的运输市场概念过于宽泛，也就是说用于确定运输市场范围的那"一组运输服务"包括的内容过大，因而提出用划小运输市场范围的方法去改善运输需求弹性计算的准确性。

实际上，每一种货物运输由于运输对象、地理条件和其他种种因素的影响，其真正的需求弹性是非常复杂的，不同的人从不同角度或使用不同的分析方法都可能得出不同的结果，要想十分准确地计算任何一组运输需求的价格弹性几乎不可能，只能从大体上去把握每一种运输需求弹性的变化范围，并进行必要的比较。即使运输需求弹性值计算准确，某一年的运输弹性是否能代表该时期以前和该时期以后的运输市场情况、某种货物的运输弹性是否能代表其他货物的运输弹性、某地的运输需求弹性是否能代表其他地区之间或者全国的运输需求弹性都不能确定。

每一个特定运输市场（即一组运输服务）中的运输需求条件都是唯一的，不能武断地把特定案例中的运输需求弹性值用在其他的运输环境里。并不是运输需求弹性的分析没有真正的实用价值，而是这种弹性分析必须根据研究目的和各种给定的条件非常细致地去进行，否则达不到预期的分析目的，会得出错误的结论。需求弹性的概念很简单，但需求弹性分析即使在其他产业中也不是轻易就能给出结论的，在运输行业中由于情况比较复杂，因此要求做结论时更谨慎一些罢了。

当某一条特定运输线的运价水平发生变动，所影响的可能不仅仅是该线路上的运输量，所有有关的产品供给地都会重新调整自己最合适的运输终到地点，所有可能的始发到达地的产品供给曲线和需求曲线都会对新的运输均衡产生影响，因此，在网络上考虑运输需求问题情况十分复杂，原来已经存在的特定运输服务组别可能会发生变化，运输距离使运输市场的范围发生改变。因此，在运输领域应用一般经济学分析方法的时候应该比较谨慎，要注意运输需求对价格变化的敏感反应，往往不是体现在货运吨数的增减或者运输方式之间的转移上，而是体现在运输距离的远近上。

（2）货运的非价格成本。有些必须考虑的影响因素是运输的非价格成本或非价格的运输成本，把它称为"附加的用户成本"。运输的非价格成本本身不是运输价格的组成部分，但是一旦发生这种成本并且其水平达到某种高度，那么它所起的作用与提高运价水平是相似的，也会减少运输需求（或者使运输需求曲线向左移动）。

某些产品的性质使其属于易腐坏、易破损或易被偷盗丢失的货物，那么在运输这些产品时，货主就需要付额外的费用，例如保证活牲畜运输中的饲养和清洁条件并安排专人押运，易破损货物的特殊包装条件，易损易盗货物的保险费用等，这些额外费用就属于运输的非价格成本。又如运输是需要时间的，而在市场经济中时间就是金钱的概念已经被普遍接受。在运输过程中的货物对货主来说有相应在途资金被占用的问题，货物本身价值越高，运输所耗费的时间越长，被占用资金所需付出的代价（至少等于同期的银行利息）就越大，而这笔代价也是由运输引起但不包括在运输价格中的。还有，在市场经济还不完善的情况下，很多货主在运输中受到承运方工作态度或服务水平较差的影响，例如不能按合同提供运输车辆、运输被延误、货物出现不应有的损害或灭失、出现责任事故后不能及时得到应有的赔偿等情况时有发生，这些情况给货主带来的损失显然也是运输的非价格成本。无论是上述的哪一种情况，运输的非价格成本越高，运输需求就越受到限制。

3. 经济发展水平与产业结构

（1）经济发展水平与货运需求。货物运输需求是派生需求，这种需求的大小决定于经济发展水平。各国在不同经济发展阶段对运输的需求在数量和质量上有很大区别。从发达国家的交通运输发展过程看，工业化初期，开采业和原材料对大宗、散装货物的需求急剧增加；到机械加工工业发展时期，原材料运输继续增长，但增长速度已不如前一期，而运输需求开始多样化，对运输速度和运输质量方面的要求有所提高；进入精加工工业时期，经济增长对原材料的依赖明显减少，运输需求在数量方面的增长速度放慢，但运输需求越发多样，在方便、及时、低损耗等运输质量方面的需求越来越高。出现这些变化的深层次原因在于，经济的发展使人们更为富裕，人们的消费行为也发生了改变，由需求弹性较低的货物转向需求弹性较高的货物，或是由农产品转向制造业产品及服务业的服务。

因此，对产业结构而言，亦会因消费者消费取向的不同而有所转变；在产业结构因经济发展而改变时，会出现货物种类和货运服务特性的改变，从而使货运需求发生变化。根据经济学理论，专业分工越细，规模经济效益越容易得到发挥，从而可以降低生产成本，但相对而言，专业分工的细化也导致了运输成本的增加；例如厂商采取适时制生产策略，可有效降低存货成本、增加生产的弹性，但必须为之付出较高的运输成本。当某一地区的产业结构变得更为复杂或单纯化时，会影响到区域（包括境内、入境与出境的）货运量，并对区域间货运量分布的形态产生影响。在货运需求分析中，最大的一组运输服务可能要算把一个国家所有的货运吨公里加总在一起了，即把所有不同始发到达地点之间、通过不同运输方式、不同批量和不同品类的货物位移加总的合计。

在国家的国民经济增长或工业化的初期，运输需求的增长幅度超过经济总量的增长幅度，而到了工业化的中期和后期，运输需求的增长一般会开始放慢。出现这种变化的原因：经济结构中一开始重工业所占的比重较大，重工业所引起的原材料和燃料以及产成品的运输量都比较大，而工业化中后期经济结构中附加价值较高的高新技术产业和服务业比重增加，产业单位产值所引起的货物运输量比较少。

（2）货运需求的地区不平衡性。此外，要注意我国货运需求层次地区分布的不平衡性。我国国土面积广大，地区资源分布不均，比如中西部主要是大量能源、原材料的产地，而东南部主要是加工产品的生产，这就使我国各地区由于货物产品的不同，拥有着不同的货运需求层次。同时，区域经济发展不平衡带来货运需求层次地区分布不均。比如西部地区的经济发展落后于东部沿海，人民消费水平也较低，产品的生产及需求不如东部地区多样，使西部的货物运输需求层次比较单一简单，而东部就相对要复杂得多。

（3）货运消费者对载运工具的选择。分析货运需求变化时运输消费者对载运工具的选择。货物的批量是由储存和运输等物流环节共同决定的。对于载运工具来说，都有一定的装载容积以及相对较"经济"的装载量，运输者必须保证运送的货物达到一定的装载量以满足运输工具一次的装载能力。但对于商品的生产者（货运消费者）来说，装载量越大，其产品的存储数量和时间也越大或越长，而产品存储所造成的成本显然也会越高。如果产品的价值较低且市场需求较稳定，那么，充分利用载运工具的运输能力能够显著地降低运输成本而又不会带来其他成本的大幅度增加。而对于一些单位价值很高、市场需求变化很快的产品来说，过长时间或过大数量的存储显然是不经济且存在极大市场风险的。此时，那些装载容积较小、相对灵活方便的运输工具，特别是卡车的优势就体现出来了，因为它们几乎可以随时启运，大大减少产品的存储成本。

所以产品生产地对运输需求的影响，还应该包括存储和装载方面。极端的情况是适时制生产组织方式的情况，一些汽车公司首先采用了这种生产组织方式，使每一个前方生产者的加工品正好在下一个生产者需要的时候直接供应到位，以最大限度地减少不同工序、车间或分厂之间原材料、零配件及半成品的存储量，甚至做到零库存。为了适应这种适时制的生产组织方式，运输组织也必须做到非常准确及时，因为假如某项供应一旦不能及时到位，就可能引起整个生产链停顿的严重后果，而某项供应提前到位也会引起不必要的存储，达不到适时制的目标。这种生产组织方面的变化对运输服务的可靠性提出了空前的要求，因此比较可靠的运输方式被用户青睐，而对那些运输组织环节复杂、时常出现运输延误的运输方式，其运输需求就可能下降

（4）不同运输方式的发展。把总的货物运输需求拆分到不同运输方式，比总量略微具体一些的运输需求在目前的几种主要运输方式中，铁路、公路、水运和管道承担了大部分货物运输，航空货运正在崛起，但承担的运输总量相对比较小。

二、旅客运输需求

（一）人们的交通需要

（1）交通需要的含义。在旅客运输需求分析中涉及一个概念，运输需要一般来说，需要的概念比需求要大，因为需求只是有支付能力的那部分需要。由于需求要受个人收支预

算的限制，所以仅仅按需求去分配社会资源就会由于收入水平的差别而产生出一些不平等。因此有人主张，运输服务，至少其中的一部分，应该按照需要进行分配而不是按照有效的需求进行分配。其中心思想是，在现代社会中每一个人都应该有权利享受一些不低于基本水平的教育、医疗等服务，而不论他们收入的多少，交通运输也应该属于这一类服务，人们也有权享受某种最低标准的运输供给。

任何一个国家或地区，都会有一些低收入者，还有残疾人、老人和儿童，这些人相比之下需要一些特殊的运输服务，任何一个国家也都会有一些地区的经济开发水平较低同时交通条件较差，需要外界提供一些它们自己难以实现的运输服务，这些运输服务仅靠市场上自发的供求平衡力量往往无法满足。因此，需要被认为是既包括可以用市场去满足的需求，同时也包括要依靠市场以外力量去满足的那些基本要求，这后一部分运输需要有时也被称作公益性运输或普遍服务。

（2）交通需要与政府补贴。承认运输需要与需求的差别并采用政府补贴的办法处理，在现实中还是存在很多问题，特别是大量界限不清的交叉补贴会引起公共交通企业降低效率。因此，有一部分学者虽然支持妥善解决低收入人群和残疾人的交通困难，但并不同意用需要去作为分配资源的机制，主张仍然以普通经济学原理去支持交通运输领域基本的市场运行制度。有学者认为应该采用明晰的收入补贴等办法，从根源上解决收入问题或劣势问题（政府和其他机构补贴给社会运输服务的钱可以视为社会对这种服务的有效需求，于是人们可以把这种状况看作类似于传统消费理论的情况，正如需求反映个人购买一种特殊服务的愿望一样，政府对需要的响应反映了社会为它的某些成员购买特殊的运输服务的愿望），而不要搞混杂的交叉补贴。才可以实现让市场的有效需求正确反映一般消费者购买具体运输服务的意愿，而政府为特定群体社会性运输服务提供的专项补贴也不致造成不必要的效率损失。

（二）客运需求的影响因素

1. 运价水平

（1）客运需求弹性。客运需求也受运价水平的影响，已经比较清楚地知道运输需求与运输价格之间的相互关系，在价格与需求坐标系中画出一条运输需求曲线，可以根据运价水平的变化考查运输需求量的变化。现实条件下，客运需求分析中所使用的变量往往不应该简单处理，例如价格可能并不仅仅是乘客所支付的票价，而是包括了其他许多有关又相互影响的因素，像时间成本就是其中最重要的一项，此外还有安全、舒适和方便等。但由于这种综合性的运输成本不容易准确掌握或计算，因此，在现实中，很多情况下人们还是利用容易取得的价格资料进行运输需求分析。这当然会带来一些问题，其中一个就是对运输需求的价格弹性计算结果往往与人们预料的相差很多，而且一般都是偏低。

（2）客运需求弹性的影响因素。与货运需求弹性的计算结果类似，客运需求弹性也因计算者、计算目的、使用数据来源、计算期间和分析范围的不同而差异很大。运输需求弹性的计算如果过于笼统，它与特定和现实的运输需求特性就会背离较大。于是有学者建议要注意分类对运输需求弹性进行分析，他们认为至少可以从这样几个不同层面去观察客运需求的价格弹性变化：

第一，出行的目的不同。人们的出行目的大体可归类为：出差、旅游、探亲、访友、购物及其他几类。一般认为公务出差的旅行需求对运价的弹性要低于以旅游度假及探亲访友为目的的旅行，前者更倾向于选择更加快速、舒适、便捷的运输方式，因为前者的机会成本通常要高于后者。

第二，费用支付方式的不同。例如，私人小汽车的燃油等直接费用相对于既包括燃油，又包括保险、保养和折旧等间接费用的全成本来说只是一部分，这使驾车人的需求弹性按燃油费用与按全成本计算相比就有差别；而公交车票又分别有一次性票、按时间的期票和按里程的累积优惠票等等，结果使需求的价格弹性也不同。

第三，长短期的弹性不同。例如，人们对市内公交车票涨价的反应，在短期内往往是需求明显减少（抗拒心理），但一段时间以后，当人们的心理逐渐适应，这种反应会软化，因此表现为需求价格弹性短期较高而长期较低。

第四，运输距离或支付总额的差别。都是20%的上涨率，但5元票价和500元票价两种基数会使人反应不同（因为上涨的金额相对于普通人的收入具有明显的差别），研究结果是休闲旅行需求在长距离的价格弹性要大于短距离。

2. 收入水平

人们的收入水平与交通需求之间有一定联系，过去有人提出，由于在出行时间预算上的限制，人们在出行行为方面具有相对的稳定性，即人们花在出行方面的时间和出行的总次数变化不大，如果以休闲为目的的出行增加，那么以工作为目的的出行就会减少，如果选择使用汽车或飞机出行，那么原来以步行或骑自行车的出行次数就会相应减少。但后来的研究表明，人们的平均出行时间和次数都随着收入水平的提高在增加。不少学者对同一国家不同收入水平的家庭，或不同人均收入水平的国家进行过对比分析，结论基本都是相同的。

（1）客运需求的交叉弹性。对任何一种交通工具的需求，无疑会受到与其竞争或与其互补的其他交通工具的影响，其中也包括收费或价格方面变动的影响。需求的交叉价格弹性是可以用来分析需求受其他交通工具价格影响程度的有效工具。即使在同一种运输方式内部，也可能存在不同运输企业之间的竞争，而分析这种运输企业之间的需求交叉价格弹性，对企业的经营也是很现实和极有实用价值的。此外，对于互补型的运输工具或运输企业，例如市内道路交通为市际铁路和航空集散客流，或者支线航空公司与干线航空公司共同组成轴辐型结构等，需求的交叉价格弹性应该是负值。以金融、商业或政府职能为主的大城市就业地点大都集中在城市中心，因此公共客运相对比较容易发挥优势，如果居住和工作地点都十分分散，公共客运的发展就比较困难。

除了计程出租汽车，公共客运都是集体运输，即要把数量不等的旅客集中到一部交通工具上运载，因此公共客运一般都需要设定专门的运行线路、停到站和运行时刻。与私人交通相比，公共客运的不方便之处就是不能随时随地满足每个人的出行需要，而必须等待规定运行时刻，并只能在确定的运行线路和停到站；此外，旅客往往还需要利用个人交通（包括徒步）去衔接公共客运所不能满足的那部分路程。这使公共客运比随时随地可听凭个人支配的私人交通工具缺少了一定的吸引力，再加上其他的原因，公共客运在很多国家和城市都被私人小汽车排挤了，引起了很严重的交通堵塞问题。

（2）公共交通服务水平的重要性。影响市公共客运的若干影响因素，包括收入水平、就业人数、公交票价和公交服务质量等。研究表明，人们对公交票价高低的敏感度正在下降。在原来服务质量比较差的情况下，改进质量特别有助于增加公共交通的需求。公共交通的服务质量与所在地区的人口密度以及人们对它的使用强度又有很大关系，因为如果乘客过少就很难维持较好的公交车况和较高的服务频率。所以大城市本来应该是能够充分发展公共交通，用优质公交服务引导居民减少对私人小汽车依赖的理想地方，实际上很多大城市由于政策失误反而导致居民选择小汽车并放弃公共交通，致使交通状况恶化。

（3）停车服务对小汽车出行的影响。对于小汽车来说，停车的便利性与停车服务的价格（停车费）也对小汽车出行的需求产生着重要的影响。小汽车的需求与居民收入、小汽车售价以及其互补品（主要是燃油）的价格关系比较密切，其中收入水平是最重要的影响因素。研究表明，私人交通需求的增长与居民的人均收入水平关系十分密切，但人均收入增长对私人交通需求的影响主要体现在拥有私人小汽车的数量上，而不是体现在每辆车每年的行驶距离上。而影响社会上小汽车存量的另一个因素是小汽车的使用寿命。小汽车的报废是一种经济性的决策，受新车（使用中汽车的替代品）价格和燃油与汽车修理（使用中汽车的互补品）价格或收费的影响。

此外，在经济衰退时期，人们会推迟使用中汽车的报废和新车的购买，因此在这种时期道路上汽车的平均车龄就比较长，而在经济繁荣时期道路上汽车的平均车龄就会相对较短。当小汽车价格的上涨快于通货膨胀率上涨时，汽车的使用寿命当然也会长些。小汽车之间的区别除了它们的使用期长短不同，还包括车子的大小和特性。轿车品类的繁多使人们有可能根据经济形势的变化，在不改变车辆拥有总数的情况下，通过改变使用的车型去调整和适应。例如当油价发生变化时，人们的反应不是多买车或少买车，而是选择买大车还是买小车，有些人家拥有不止一部汽车，因此当油价出现升降，就会很自然地决定多开小车或多开大车。与小汽车有关的最大开支是购买和拥有车辆的成本，而不是驾驶车辆的费用。

3. 旅行时间价值

（1）旅行时间价值的概念。旅行时间价值是人们对旅行时间的评价，是由于旅行者在旅途中耗用的时间存在机会成本所产生的价值。在许多国家的交通运输规划中，旅行和运输时间的节省通常是一项重要的考虑内容，时间的节省构成了运输投资效益的主要组成部分，所以人们进行了大量有关旅行时间价值的研究。

（2）旅行时间价值的计量。西方学者对旅行时间的价值计量一直分为以下两种情况：

第一，工作时间的旅行。工作旅行包括运输工具驾驶员、服务员的在途工作和一般公务旅行，其时间价值一般被认定是旅行者工资的100%。但这里面有这样一些假定：每个人的工资都等于他所创造的边际产品；工资包括了他的全部劳动所得；分析范围不包括涉及重大政治、军事或商业事件时的情况等。

第二，非工作时间的旅行。非工作旅行包括以通勤、通学、购物、社交、旅游、娱乐等为目的的旅行，一般认为非工作旅行的时间价值要低于工作旅行的时间价值，相当于旅行者工资的某一个百分比，但研究结果差别很大。学者们一向比较关注城市居民上下班通勤的时间价值，也许这是因为相比之下通勤属于最有规律的出行行为而且旅行者的数量最大。

（3）旅行时间价值的影响因素。影响因素的不同：①旅行目的。由于旅行目的不同，人们对相应的旅行时间价值评价也不一样。②所在国家与地区。一个国家的旅行时间价值与该国的经济发展水平和人民生活水平成正比，因此发达国家的旅行时间价值高一些，不发达国家的旅行时间价值低一些。③旅行发生的时段不同。旅行时间价值也是不同的。④旅行者收入与职业。收入越高的人，旅行时间的价值越大；反之，收入较低的旅行者，其旅行时间价值较低。⑤零碎的和整块的时间节省。一般认为整块的时间节省比零碎的时间节省产生的经济效益要大。⑥平均旅行时间价值和边际旅行时间价值的区别。⑦某一特殊时点的重要性。例如，严格的上班考勤制度会提高通勤者的旅行时间价值，下班时要不要接孩子对旅行时间价值显然也有影响。

第三节 城市发展与交通出行需求

一、城市发展

（一）城市的形成与发展

城市是"城"与"市"的组合词。在汉语中，"城"主要是为了防卫，用墙等围起来的地域；"市"则是指进行物品交易的场所。"城"与"市"的结合形成了现代城市的概念。

城市一般指在相对较小的面积里居住了大量人口的地理区域，主要指人口集中、工商业发达、居民以非农业人口为主的地区，通常是周围地区的政治、经济、文化交流中心。这个定义适用于从小城镇到大城市等不同规模的城市。之所以把人口密度作为基础，其原因就在于不同经济活动的频繁接触是城市经济的本质特征，而这只有在大量厂商和家庭集中于相对较小的区域内才能发生。城市地区是指人口总量不少于一定的规模，且每平方公里的人口密度不低于特定标准的固定地理区域。人口总量和人口密度的标准在不同国家和地区有较大的差别。城市人口是指生活在城市地区的居民。

城市之所以存在，是因为人类科技已经创造出了生产和交换系统，为人类向自然规律提出挑战奠定了物质基础，一个城市的发展必须满足三个条件：①农业生产过剩。城市以外的人口必须生产足够的粮食，来养活他们自己和城市居民。②城市生产。城市居民必须从事生产，生产出某种产品或服务，以便用这些产品或服务去交换农民种植的粮食。③用于交换的交通运输体系。为使农民种植的粮食与城市产品能更便利地进行交换，城市必须有一个高效的交通运输体系。

城市的概念有两方面：①行政意义上的城市通常以行政权限边界来划分；②经济学意义上的城市常常忽略行政边界，它是以特定城市经济体中的城市人口来划分的。

在许多发展中国家，特大型城市吸纳的人口占全国人口的比重往往很高。其主要的原因在于交易的规模经济。规模经济极大地激励了大商业城市的发展，而对小城市的激励作用则不是很明显。例如，对一个港口进行连续性投资，将促使国家把其列为一个主要的港口城市。同时国家政策在主要大城市发展过程中扮演着重要角色。权力集中的"大政府"要比权力有限的"小政府"更容易造就超大规模的城市。

另外，在城市集聚过程中，交通基础设施扮演着重要角色。在许多发展中国家，对道路和无线电通信的投资很不协调，在首都附近可能会更多一些，而在首都以外的地区对道路的投资相对较少，这使国家内部不同地区间存在较高的运输成本，并进一步激励了主要大城市的发展。

（二）城市发展的聚集效益

随着社会生产力的不断发展，手工业、商业从农业中分离出来，从事手工业、商业的人需要有个地方集中起来，进行生产、交换，从而有了城市的产生和发展。工业化带动了城市最初的基础设施建设，同时工业建设使关联行业集中和规模扩展，进而吸引大量分散劳动力聚居，与之而来的是基于这部分人的需求而产生的城市新一轮基础设施建设和服务业的产生和增长。长期发展的结果就形成了规模化的城市。

城市的发展产生了城市聚集效益。城市聚集效益是指社会经济活动因为空间的聚集所产生的效益，是城市发展规模的函数。城市聚集效益在城市规模扩大的过程中随着规模的扩大发生阶段性的变化。城市规模和城市的聚集效应是一个区间值，城市规模不够或过度都会使城市聚集效益不高。

城市规模一般指的是一个独立连续的城市市区面积与城市人口的关系总和。市区面积涉及距离，人口涉及需求数量。随着城市规模的扩大，人们的出行距离延伸，会增加交通出行需求量。从交通需求产生的直接原因分析，在一定区域发生活动的次数或频率，包括工作、回家、购物、游览、访友、娱乐、看病等，是决定此区域交通强度的主要依据。由于出行距离的延伸，利用车辆出行的可能性还会增强。

在同样的城市规模条件下，如果城市布局有缺陷，或城市发展及活动的活力强，交通强度都要大一些。城市规模较小时，出行活动大部分依靠步行，城市规模扩大时，大部分出行活动开始依赖自行车等人力工具，在城市规模很大时，出行活动大部分就必须依靠动力车辆。

城市交通和城市发展相辅相成。在城市的不断发展中，城市交通也会影响城市规模效益的实现，城市交通方式的需求和发展，与城市规模存在必然的联系。城市规模需要交通强度来支撑，交通强度需要道路密度来满足需要，道路密度要求占用土地资源。反过来看，土地资源利用限制了道路密度规划，道路密度又限制了可能达到的交通强度，交通强度只能支持一定的城市规模。在不改变土地利用率和道路密度的情况下，提高公共交通在城市交通中的比例，能够增加城市发展规模的极限。

二、交通出行需求

（一）交通出行方式

1. 交通出行

（1）交通出行也属于交通运输，指人在空间中的位置移动。通常所指的旅客运输也是要实现人在空间中的位置移动。旅客运输特指城市之间较长距离的人的空间位置移动，并且这种空间位移是通过交通运输供给商的服务来完成的。交通出行特指城市范围内人的空间位置移动，这种空间位置移动可以通过交通运输供给商的服务来完成，比如通过乘坐公交、地铁、出租车等方式完成；也可以由消费者自行完成，比如通过步行、骑自行车或自驾车的方式来完成。另外，消费者自行完成城市之间长距离的位置移动，比如自己驾车从A城市到B城市，一般也称为交通出行而非旅客运输。

按照交通工程学的定义，出行指人们为完成某一目的，从起点到终点且经过有路名的道路或街巷的位移。可以看到，出行有三个基本属性：①每次出行有起点和终点两个端点；②每次出行有一定的目的，比如上学、上班、购物、娱乐、看病等；③每次出行必须经过有路名的道路或街巷，也就是一般所指的市政道路。在封闭的居住小区内的行走不属于交通工程学意义上的出行。

人类一般以居住地为中心生活着。因此，家庭就成为交通出行的起点，每天从居住地奔赴工作单位、学校、超市或市场以及观光地等，即产生通勤、上学、购物、观光等出行。这些出行分别具有各自的出行目的。在从生产到消费的经济过程中，出行目的可以分为生产性目的和消费性目的。在生产性目的出行中，有通勤、出差、销售等；在消费性目的出行中，有观光、娱乐、教育、购物等。

随着社会经济的发展，基于城市社会活动出行需求的一个重要的变化是多种目的系列出行需求，也叫出行链。出行链可定义为：按照一定的活动目的，顺序排列的若干次"出行"组成的系列出行过程，其组成除了起终点还有中间的"换乘点"和"出行段"。许多人在完成工作出行（上班）后，经常产生其他目的的出行，如下班后去接孩子、去商场购物或处理个人的事务等。这里工作出行是基本需求，而下班后的其他出行为非基本需求。与单一出行不同，出行链产生了多种方式的组合出行，更加重视出行的多方式换乘与接驳过程。出行链演绎着交通需求多样性的特征。交通出行本身不是目的，通过出行完成在目的地的各种任务才是其最终目的。在该种意义上，交通出行需求被作为派生需求来处理。

2. 交通出行方式分类

交通出行方式比较多，大体上可以分为三类：私人交通出行、公共交通出行、辅助公共交通出行。

（1）私人交通出行。私人交通出行是指消费者自行完成的空间位移，这种位移的实现可以借助交通工具，也可以不借助交通工具。主要包括：①步行；②自行车；③电动自行车；④摩托车；⑤小汽车。

（2）公共交通出行。公共交通出行是指消费者通过公共交通服务供给商完成的空间位移，这种位移服务面向全体消费者，一般有固定的运营线路和运营时间。主要包括：①公共电汽车；②快速公交；③地铁；④轻轨；⑤有轨电车；⑥市郊铁路。

（3）辅助公共交通出行。辅助公共交通出行有时也称为准公共交通出行，是指消费者通过特定的交通服务供给商完成的空间位移，这种位移服务或者面向特定的消费者群体，或者没有固定的运营线路和运营时间。主要包括：①出租车；②旅游车；③班车；④校车；⑤公共自行车。

有些交通方式有明确的供给商，有些交通方式不需要交通供给者。判断一种方式是不是存在供给商，主要看这种出行方式需不需要交通工具，交通工具的所有者、交通工具的操作者和交通工具的使用者是不是同一主体。不需要特定交通工具的出行方式没有交通供给商，最明显的例子就是步行。步行是人类基本的活动方式之一，在畜力交通出现之前，人类的交通活动主要依靠步行，这种方式在现代交通出行中也依然扮演重要角色。

自行车也是一种环保、节能、健康的出行方式。在汽车普及之前，自行车是城市（尤其是中小城市）的主要交通出行方式。随着经济的发展，人们收入水平的提高，汽车开始进入普通家庭，汽车出行代替了大部分的自行车出行。经过几年的发展，汽车出行的种种弊端开始显现出来，交通拥挤，空气、噪声污染，交通安全问题等，迫使人们重新审视汽车的发展。绿色环保的自行车交通出行重新回到人们的视野，一种新的公共自行车租赁的运营模式使古老的自行车交通方式发挥了新的作用。

公共交通出行的重要性也得到人们的重视。公共交通出行需要有供给提供者。常见的公共交通出行方式（或公共交通供给提供者）主要有公共电汽车、快速公交、地铁、轻轨、有轨电车、市郊铁路等方式。

（二）交通出行认知

1. 交通出行需求含义

交通出行需求是指针对某种交通出行方式，在一定的时间内，对于每一种可能的交通出行广义费用，消费者愿意采用并能够支付的位移出行数量。

交通出行活动派生于人类的工作或生活目的需求。出行者按照其需要在一定时间和空间范围内，沿运输线网上一个方向地流动形成交通流。构成交通流的因素也有四个：流量、流向、流程和流时。交通出行需求和旅客运输需求的最大区别，在于旅客运输需求反映的是需求数量与价格的关系，而交通出行需求反映的是需求数量与交通出行广义费用的关系。因为交通出行方式既包括有供给商、存在市场价格的公共交通方式、辅助公共交通方式，也包括出行者自我完成的、没有市场价格的私人交通方式。即使对具有市场价格的公共交通供给服务，因为价格受到政府的管制，其需求对考虑了价格因素的交通出行广义费用的反映更直接、密切。

对于一些特定的交通方式，比如出租车，价格在其广义出行费用中起着非常重要的作用，大部分研究中，会把出租车广义费用退化为价格因素。因此，交通出行需求定义中的"对于每一种可能的交通出行广义费用"，在某些情况下，交通出行广义费用可以只包括价格因素。

2. 交通出行广义费用

交通出行广义费用是出行者在出行过程中所有耗费的总和，一般包括票价费用或成本费用、时间价值费用、准时性费用和舒适性费用等。

（1）票价或成本费用。对于出行者自我完成的出行，没有显性的票价费用，但有隐形的成本费用。利用公共交通和准公共交通方式完成的出行，票价费用是一次出行所涉及的所有部分的票价总和。出行者自我完成的出行，是相关成本（购车费、燃油费、停车费等）在一次出行中的分摊费用。

（2）时间价值费用。时间价值费用通常按单位时间价值乘以出行时间消耗计算。出行时间消耗包括路途行驶时间、中转换乘时间以及候车时间。除了车速影响行驶时间，换乘次数增多会导致换乘时间增加，候车时间增加一样导致出行时耗的增加。在出发地和目的地之间存在多种交通方式时，不同交通方式所耗费的出行时间往往成为出行选择的关键因素。

（3）准时性费用。准时性费用按照误点的损失和误点的概率计算。到达时刻的准确性，对于不允许迟到的出行选择影响很大。人们上班对准时性要求高，选择不受交通阻塞影响的交通方式的比例就大。因为准时性是一个平均值的方差问题，人们在决策时倾向于依据过往的经验，判断某种交通方式误点的概率。

（4）舒适性费用。舒适性是指交通工具中的拥挤程度、乘坐的舒服性、车内环境的友好性、有无空调等因素的综合，正因为如此，舒适性的评价尺度难于制定，受乘客主观感受的影响很大。一般而言，人们对舒适性的要求与收入成正比，收入越高对舒适性的要求越高。

3. 交通出行费用计算

出行者在城市范围内从某出发地到某目的地的出行过程中，其交通出行的广义费用一般通过如下公式计算：

$$C = P + T + R + W \tag{2-4}$$

（1）票价或成本费用（户）：

$$P = \sum_i \alpha_i D_i \ 或 \ P = \sum_j P_j \tag{2-5}$$

（2）时间价值费用（R）：

$$T = \beta \left(\sum_i \frac{D_i}{v_i} 6 + t \right) \tag{2-6}$$

（3）准时性费用（R）：

$$R = \sum_i K_i L_i \tag{2-7}$$

（4）舒适性费用（W）：

$$W = \sum_i \gamma_i \cdot w_i \tag{2-8}$$

4. 交通出行需求函数

交通出行需求函数是用函数形式表示的交通出行需求量与交通出行广义费用之间的数量关系：

$$Q = f(C) \tag{2-9}$$

交通出行需求同样符合需求法则，在其他条件不变的情况下，交通出行的需求数量与交通出行广义费用成反比：交通出行广义费用越高，居民愿意出行的数量就越少；反之，交通出行广义费用越低，居民愿意出行的数量就越多。也就是说，需求函数是随着交通出行广义费用的增长而单调递减的。

5. 交通出行需求曲线

交通出行需求曲线是假定在交通出行广义费用以外其他因素均保持不变的条件下，反映出行需求量与交通出行广义费用之间关系的曲线。交通出行需求交叉弹性反应两种交通出行方式的关系，根据交叉弹性值的正负不同，一般有三种表现形式：①互补型出行方式；②替代型出行方式；③无关型出行方式。

6. 交通出行需求特点

交通出行需求除了具有交通运输需求的一般特性，包括非物质性、派生性、空间矢量性、时间特定性、基础性、多样性、部分可替代性、多维属性等外，还具有如下一些特点：

（1）交通出行需求的随机性。社会经济生活是一个高度开放的市场化系统，这种高度开放性很大程度上决定了交通出行需求的随机性。影响交通出行的外部因素（如天气、拥堵等）也是随机的。就个体而言，其出行时间、出行方式、出行路径选择等都存在着选择的差异。不同的人群，其经济属性（职业、收入）、社会属性（年龄、性别）的不同，对完成出行的时间、费用的敏感性存在差异，选择的交通方式大相径庭。不同的需求目的对出行方式的选择，出行的方便性、舒适性、安全性的要求也是不同的，即使完成同一目的也可以有多种选择。交通出行需求受到系统开放性和市场机制的影响，具有较大的随机性。

（2）交通出行需求的可控性。交通出行需求起源于社会经济活动，而社会经济的发展及增长速度具有一定的规律性，决定了交通出行需求也存在一定规律，有规律的交通需求则具有可控性。在一定的时期内，对于一个确定的城市环境来说，交通需求其总量及时空分布与城市环境因素（人口规模、城市形态、土地使用布局、社会经济水平等）及某些交通管理方式与措施之间存在比较稳定的对应关系。掌握交通需求与这些因素间的变化规律，可以建立不同层次的出行需求和各种影响因素变量关系模型，并可通过仿真模拟来预测交通需求的变化，以达到规划、管理与运行控制的目的。

（3）交通出行的外部性。交通出行的外部性指的是对他人或城市环境的影响。主要包括两方面：①交通工具噪声、尾气等排放的影响。②给城市带来的拥挤。交通拥挤是指交通需求超过设施容量时，超过部分的交通需求滞留在道路设施上的交通现象。交通拥挤不仅造成无效的等候、浪费时间、使交通系统效率下降，并成为诱发交通事故的重要因素，更重要的是，交通拥挤本身也存在环境污染问题。交通拥挤时燃料不完全燃烧产生的尾气排放量远远大于汽车正常行驶时的尾气排放量。拥挤路段由于车辆大量积聚，使该路段的污染物浓度明显大于其他路段。

第三章   公路交通运输供给分析

第一节   交通运输供给的基础认知

一、供给的基础认知

（一）供给的基本概念

在经济学中，需求与供给就像硬币的正反面。如果说需求描述的是消费者的行为，那么供给描述的就是生产商（企业）的行为。市场的供给涉及企业愿意生产和销售某物品的条件。供给是指对于某种商品或服务，在一定时间内，针对每一种可能的价格，生产者愿意生产并且能够提供的数量。供给体现的是在其他条件不变的情况下，商品的市场价格与生产者愿意生产和出售的商品数量之间的关系。

理解经济学中所说的供给概念，需要把握以下三方面的含义：

第一，供给和时间密切相关，是指特定时间内的供给。

第二，不同的价格水平对应不同的供给数量，生产者愿意出售的数量与价格水平密切相关。

第三，生产者有供应商品或服务的实际能力。供给在经济学中又称为有效供给，"有效"是说生产者除了有出售的愿望，还要有实际提供商品或服务的能力。

（二）供给数量与供给法则

1. 供给与供给数量

讨论需求时用到的一些术语区别同样适用于供给，比如供给和供给数量的区别。供给是对于每一种可能的价格，生产者愿意并能够提供的某种商品或服务的数量构成的整体；而供给数量指的是对于某一个特定的价格，生产者愿意并能够提供的商品或服务的具体数量。

供给可以用供给表的形式来表示（常用的形式还有供给函数和供给曲线，后面会对其进行讨论）。供给表是一个价格和供给数量的二维表格，表明价格和数量的一一对应关系。

2. 供给法则

与需求法则对应的是供给法则。供给法则指的是在其他条件不变的情况下，商品或服务的供给数量与价格成正比。供给法则说明供给数量随着价格的上升而上升，随着价格的下降而下降。价格像约束需求数量一样同样约束着供给数量。需求法则说的是在其他条件不变的情况下，商品的需求数量与商品价格成反比。可以看到，供给法则与需求法则的作用方向相反。

如同需求法则，供给法则也是"看不见的手"协调市场行为的根本。需求与供给从两个方向对市场进行调节，一个共同的作用媒介就是价格。可见价格在市场中起着非常重要的作用。

（三）供给变化及其影响因素

1. 供给的变化

供给点沿供给曲线的移动揭示了在其他条件不变的情况下，商品价格的涨落对供给数量的影响。但实际上，"其他条件不变"的前提在大部分情况下都很难严格地满足，而"其他条件的变化"会影响到供给本身，使供给发生了变化。

供给变化指的是除商品价格以外的其他条件发生变化所引起的供给曲线的移动。供给曲线的移动有两种形式：供给曲线右移和供给曲线左移。

（1）供给曲线右移。供给曲线右移代表着供给的增加。这就意味着在同样价格水平，新的供给曲线下供给数量增加了。

（2）供给曲线左移。供给曲线左移代表着供给的减少。这就意味着对于同样的价格水平，新的供给曲线下供给数量减少了。

2. 供给变化的影响因素

影响供给数量变化的因素是商品的价格，商品价格的变化会引起商品供给数量的变化。但商品价格并不是影响供给变化的因素，引起供给变化的是除商品价格之外的"其他因素"。供给曲线是在假定除了价格以外的其他因素都不变的情况下得到的。但在现实生活中，"其他因素都不变"的条件很难满足，任何一种条件的变化都会引起供给的变动。引起供给曲线移动的原因有很多，主要的原因有以下方面：

（1）生产所需投入品的价格。商品的生产都是需要投入的，厂商为提供一定的商品供给需购入相应的生产投入品。如果生产所需的投入品的价格，比如原材料或劳动力的价格下降，那么生产商品的成本就会减小，即使供给价格不变，厂商也愿意提供更多的供给量。这样在商品的每一个价格之下，厂商的生产数量就会增加，供给曲线会右移。相反，如果生产所需投入品的价格上升，供给曲线会左移。

（2）技术进步。技术进步会改变生产过程，减少生产的投入，或提高生产的效率。这种进步包括从应用科学突破到现有技术的更新与挖潜，或者生产流程的重新组织。技术进步同样也会降低生产成本，从而增加商品的供给，使供给曲线右移。

（3）相关产出品的价格。供给角度的相关商品与需求角度相关商品的概念是不同的。从需求的角度讲，相关商品是从消费使用功能上划分为替代品与互补品。而从供给的角度讲，相关商品（也称为相关产出品）指的是那些生产所需的投入品和生产过程基本相同的商品。

相关产出品的价格上升，生产者就会将有限的资源用于生产那些价格相对较高的商品。如果玉米的价格提高，小麦的价格不变，那么农民就会在有限的土地资源中，减少小麦的种植，增加玉米的种植，从而使小麦的供给曲线向左移动。

（4）市场上的生产者数量。供给一般是指市场供给，市场供给是个别供给的总和。如果生产者的数量增加，那么每一个价格上的生产数量也会相应增加，市场供给量增加，从而使供给曲线右移。如果生产者的数量减少，供给曲线左移。

（5）对未来价格的预期。如果生产者预测未来其生产的产品价格会上涨，那么他们至少会将一部分商品留待以后价格上涨的时候再出售。因此，对于未来价格将会上涨的预期，会引起供给量的减少，从而使供给曲线左移；相反，对未来价格将会下跌的预期会引起供给量的增加，从而使供给曲线右移。

（6）政府的税收和补贴。政府能够对厂商生产的商品产生影响。例如，政府向生产者征税，以弥补其在教育、医疗、公共安全等方面的支出。征税会提高生产厂商的成本，使供给下降，引起供给曲线的左移。而对某些生产者的补贴，比如向公共交通企业的补贴，会增加补贴商品或服务的供给量，从而引起供给曲线的右移。

（四）供给的价格弹性分析

1. 供给的价格弹性定义

供给的价格弹性，是指在一定时期内某种商品的供给量的变动对该商品自身价格变动的反应程度，或者是指该商品自身价格变动百分之一时其供给量变动的百分比。从形式上看，供给的价格弹性与需求的价格弹性是一样的，它也有弧弹性、中点弹性和点弹性等形式。

供给的价格弧弹性就是供给曲线上两个点之间的弹性，其公式为：

$$e_s = \frac{\frac{\Delta Q}{Q}}{\frac{\Delta P}{P}} = \Delta Q \cdot \frac{P}{Q} \tag{3-1}$$

式中：ΔQ ——商品的供给变动量。

供给的价格中点弹性，是供给曲线上两点之间的中点的弹性，其公式为：

$$e_s = \frac{\Delta Q}{\Delta P} \cdot \frac{\frac{P_a + P_b}{2}}{\frac{Q_a + Q_b}{2}} \tag{3-2}$$

供给的价格点弹性，是指供给曲线上某一点的弹性，其公式为：

$$e_s = \lim_{\Delta P \to 0} \frac{\frac{\Delta Q}{Q}}{\frac{\Delta P}{P}} = \frac{\frac{dQ}{Q}}{\frac{dP}{P}} = \frac{dQ}{dP} \cdot \frac{P}{Q} \tag{3-3}$$

由于供给曲线有正的斜率，供给量与价格是同方向变动的，供给量的变化量和价格变化量的符号是相同的，所以供给的价格弹性总是正的。

2. 供给的价格弹性类型

不论是供给价格的弧弹性还是点弹性，供给价格弹性都可以分为以下五种类型：

$e_S > 1$，供给富有弹性。

$e_S < 1$，供给缺乏弹性。

$e_S = 1$，供给单一弹性或供给单位弹性。

$e_S = \infty$，供给完全弹性。

$e_S = 0$，供给完全无弹性。

非线性供给曲线的供给价格弹性与线性供给曲线的供给价格弹性的几何意义相类似，差别在于在非线性供给曲线的条件下，是利用供给曲线上的某一点的切线进行计算的。

3. 供给价格弹性的影响因素

影响供给的价格弹性的因素很多，下面是比较重要的方面：

（1）生产成本。成本因素是影响供给价格弹性的一个重要因素。在价格一定的条件下，成本决定了生产者供给产品的数量。如果产量提高只引起少量边际成本的提高，则生产者的供给曲线比较平缓，其供给价格弹性较大。反之，如果产量提高使边际成本较大幅度上升，则供给价格弹性较小。

（2）生产周期。生产周期是影响生产者产出数量的又一个重要因素。在一定条件下，若产品的生产周期较短，厂商可以根据市场变化及时做出调整，则产品的供给价格弹性较大。反之，对于生产周期较长的产品，供给弹性较小。

（3）时间。在影响供给的价格弹性的各种因素中，时间是一个非常重要的因素。在短时间内受生产设备、生产规模等诸多因素的限制，供给量很难大幅增加，供给价格弹性较小；时间越长，生产者调整生产规模比较容易，供给量可以随着价格的变化做出相应的调整，所以供给弹性越大。

（4）原材料。若原材料短缺且没有相近替代品，当需要增加供给量时，则很难满足这种需求，相应的供给弹性较小。若原材料的供给本身富有弹性，则会使供给价格弹性也变大。

二、交通运输供给及其特征

（一）交通运输供给内涵

"随着全球经济的突飞猛进，科学合理地实行供给侧改革，是有效地促进我国经济提升与快速发展的必经之途。"[1] 交通运输供给是指针对某种交通运输服务，在一定时间内，对于每一种可能的价格，交通运输供应商愿意并能够提供的位移服务数量。

交通运输供给在市场经济中的实现必须同时具备两个相互关联的条件：一是交通运输供应商有提供运输服务的愿望；二是交通运输供应商有提供某种运输服务的能力。这两者是缺一不可的。

根据运输对象、运载工具方式以及位移起讫点的不同组合形成了不同种类的交通运输服务。交通运输供给提供的是一种位移服务，既包括运输对象的位移，也包括运载工具的位移。

交通运输供给能力由基础设施和运载工具两个部分构成，二者密切配合，缺一不可，共同形成交通运输供给系统能力。铁路、公路、航道、管道等运输线路及车站、港口、机场等运输枢纽构成了交通运输基础设施，也称为固定设施，形成了运输供给的物质技术基础，是运载设备运行的载体；铁路机车车辆、汽车、船舶、飞机等属于可移动的运载工

---

① 姜占峰. 交通运输供给侧结构性改革相关问题分析［J］. 投资与创业，2017（6）：95.

具，交通运输基础设施和运载工具共同构成了运输的生产能力。虽然在运输管理体制上，交通基础设施与运载设备的管理可能分离，但是在运输生产能力的形成上，两者是紧密结合、缺一不可的。

1. 交通运输供给函数

交通运输供给的大小通常用供给量来描述。交通运输供给量是指在一定时间、空间和一定的条件下，运输生产者愿意且能够提供的运输服务数量。在这里，"一定时间、空间"同交通运输需求量中时间、空间的含义是相同的；"一定的条件"指的是影响运输供给的诸多因素，如政府对交通运输业的政策、运输服务的价格、运输服务的成本等。

在影响供给量的诸多因素中，运输价格是最灵敏、最重要的因素。从经济学的角度讲，交通运输供给函数一般是假定其他因素不变，考察供给量与价格的关系。

2. 交通运输供给曲线

根据交通运输供给函数，可以做出反映供给量同价格之间关系的交通运输供给曲线。运输供给表示在不同价格水平下，运输生产者愿意且能够提供的运输服务的数量，它表示的是供给量同运价之间的一种对应关系，特定的运输供给对应一条供给曲线。

交通运输供给的变动与供给量的变动也是两个不同的概念。运输供给量表示在一个具体确定的价格水平上，运输生产者提供的运输服务数量，它对应于供给曲线上的一点。运输供给量的变动就是当非价格因素不变时，供给量随运价变化而沿供给曲线移动，每一运价水平对应一个供给量。

(二) 交通运输供给弹性

1. 交通运输供给价格弹性的类型

交通运输供给价格弹性也简称交通运输供给弹性，是指在其他条件不变的情况下，运价变动率所引起的供给量变动率的灵敏程度。

由于运输价格同运输供给量同方向变动，所以供给弹性值一般为正值，这样，供给量对运价变化的反应可以用供给弹性值的大小衡量。交通运输供给弹性也有五种类型：富有弹性、缺乏弹性、单一弹性、完全弹性、完全无弹性。

2. 交通运输供给弹性的影响因素

(1) 运输设备的适应范围。运输服务就是使运输对象发生空间位移，但由于运输需求的差异性，导致提供运输服务的运输设备也具有差异性。如果运输设备适应运输需求的范围大，则供给弹性就大，反之供给弹性就小。如普通货车与油罐车相比，普通货车适合运输的货物种类广泛，在运输市场上便于灵活调配，供给价格弹性就大。而油罐车专用性较强，较难转移到其他货类市场，因此供给弹性较小。

（2）调整运力的难易程度。一般来说，能够根据价格的变动灵活调整运力的运输方式，其价格弹性大；反之，其价格弹性就小。铁路运输方式与公路汽车运输方式相比，前者调整运力困难，供给价格弹性较小，后者调整运力容易，供给价格弹性较大。

（3）运输成本增加幅度大小。如果一种运输服务增加供给引起的成本增加较大，那么，其供给弹性就小；反之，如果增加的成本不大，供给弹性就大。如旅客运输在座位满员情况下还能超员（如铁路的无座票）运输，其成本随运量变化而增加的幅度小，则供给价格弹性大。相对而言，处于运量饱和的货物运输再增加运量，就需增加运输工具等，因此带来成本增加的幅度大，供给价格弹性小。

（4）考察时间的长短。交通运输是资金密集型产业，有初始投资大、建设周期长、运力储备风险大等特点，所以短时间内调整运力不易做到，供给价格弹性较小。但从长期考察，运输市场在运价的作用下，供给与需求会逐步趋于相互适应，表明在长期内，运输供给具有足够的弹性。

（5）需求的相对状况。当需求量较低时，通常运输市场供给过剩，因此具有较大的供给价格弹性；当需求量较高时，通常运输市场供给紧张，即使价格上升，也无大量供给投入，因此供给弹性较小。

（6）运价波动的方向。运价朝不同方向变化时，运输供给价格弹性大小亦不同。一般来说，运价上涨时，刺激供给增加，运输供给弹性较大；运价下跌时，供给很难退出市场，只有实在难以维持，才被迫退出市场，此时供给弹性较小。

（三）交通运输供给特征

"优化运输供给结构，合理配置运输服务，是解决我国运输供给结构性失衡问题的关键。"[①] 交通运输供给作为一种服务供给，具有以下特征：

1. 不可储存性

交通运输市场出售的不是实物产品，而是不具有实物形态、不能储存、不能调拨的运输服务。消费者在运输市场中的购买，不是为了直接占有运输服务，运输服务也不改变运

---

① 彭志敏，吴群琪，孙瑞芬. 运输供给主体生产决策理论模型与行为分析 [J]. 统计与决策，2019，35（7）：42.

输对象本身的性质和形态，而只是改变运输对象的空间位置，通过运输实现运输对象的"位移"。

运输服务又具有矢量的特征，不同的起始点和目的地之间的运输形成了不同的运输服务，它们之间不能相互替代。因此，不存在任何可以存储、转移或调拨的运输"产成品"，运输服务的供给只能以提高运输效率或新增运输能力来适应不断增长的运输市场需求。即使这样，当面对变化莫测的运输需求时，运输服务的不可储存性带来的困难仍然难以克服。

以出租车供给为例，由于潜在的顾客很少，正好位于空出租车巡行的地方，因此即使在总需求曲线与总供给曲线的交会处，仍将有未满足的需求（此时，只有出租车总是精确出现在需要的地点，需求才会完全得到满足）。若要提供充分的服务，就必须提供超过总需求的出租车数量。只有这样，出租车市场的需求量才能等于所提供的车辆数，才不存在由于不能乘上出租车而放弃等候的失望的旅客。

2. 部分可替代性

现代交通运输市场中有铁路、公路、水运、管道、航空多种运输方式及多个运输供给者存在，有时几种运输方式或多个运输供给者都能完成同一运输对象的空间位移，于是这些运输供给之间存在一定程度的可替代性，这种可替代性构成了运输方式之间竞争的基础。当然，由于运输产品具有时间上的规定性和空间上的方向性，因此不同运输供给方式的替代性受到限制。

旅客和货物位移是具体的，只有相同的旅客和货物在相同起运、终点的运输才是相同的运输产品。不能用运输水果代替运输石油，也不能用兰州向乌鲁木齐的运输代替广州向上海的运输，甚至在同一运输线上不同方向的运输也是完全不同的运输产品。相同的运输产品可以由不同的运输方式提供，并行的几种运输工具可以提供相同但质量上（比如运输速度、方便、舒适程度等）有差别的运输产品。在具体的运输市场上，不同的运输生产者的竞争，不仅发生在不同企业之间，也发生在不同的运输方式之间。可以互相替代的运输工具共同组成运输市场上的供给方，它们之间存在着合作竞争关系。

3. 网络经济性

经济学中，规模经济意味着当固定成本可以分摊到较大的生产量时会产生的经济性，是指随着厂商生产规模的扩大，其产品的平均单位成本呈现下降趋势。范围经济则意味着对多产品进行共同生产相对于单独生产的经济性，是指一个厂商由于生产多种产品而对有关生产要素共同使用所产生的成本节约。

交通运输的规模经济和范围经济概念与一般产品的规模经济和范围经济的概念是一致的，唯一的区别在于由于交通运输供给既有空间广泛性，又有具体位移的特定性。运输产品进行交换的场所，是纵横交错、遍布各地的运输线路和结点，形成了一个交通运输网络，由于交通运输的网络特性，使其规模经济与范围经济几乎无法分开，因此，根据它的这种特点，笼统地称之为交通运输供给的网络经济。

交通运输的网络经济，是指在一定条件下，交通运输服务由于其规模经济与范围经济的共同作用，运输总产出扩大引起平均运输成本不断下降的现象。

4. 服务与消费的同时性

交通运输的服务过程与消费过程是同时进行，合二为一的。交通运输产品的服务过程和消费过程不可分离的特征对运输服务的质量提出了特殊要求。当旅客发现运输服务质量较差时，他往往已经身处运输过程中，一般很难立即退出该过程，改变自己的行程安排。货主发现运输质量有问题时，也是在运输过程完成之后。这使旅客和货主不能像普通商品的消费者一样，把质量不符合标准的商品拿回去退换，他只能消费自己事先选择了的运输过程，不管它是时间上的延误、感觉上的不舒适或是货损货差。如果运输过程中发生安全方面的事故，更会带来无法弥补的损失。

运输产品的这种特性使运输市场上对运输质量的要求应该更加严格，特别是事前对运输业者提供服务的监督和检查比在其他市场上更为重要，要切实保护消费者的利益。为了在发生意外事故时尽可能补偿旅客或货主的经济损失，各国的运输市场还普遍实行了运输保险的制度，有些甚至采取强制性保险的方式。

5. 整体性

交通运输供给的整体性主要表现在以下两个方面：

（1）交通运输基础设施与运载工具能力相互匹配，形成不可分割的整体，才能提供交通运输供给，任何单方面的基础设施或运载工具均无法提供有效的交通运输供给。

（2）交通运输基础设施具有整本性。交通运输基础设施可以区分为两个部分：交通运输线路和线路上的车站、机场、港口等设施。基础设施的建设应该统一规划、统一设计、相互配套，共同形成生产能力。如果设计和规划时没有整体观念，就会造成在一些地区或线路上的能力紧张，成为运输供给的"瓶颈"，从而影响整个路网的供给能力。

第二节　载运工具的经济特性

一、载运工具的经济装载量

运输业的产品是旅客与货物的位移，然而除了管道以外，运输服务却是以在线路上运行的载运工具（车、船、飞机、列车等）为单位进行组织的。载运工具的成本和供给特性在不同运输方式之间甚至同一运输方式内部都是有差别的。

（一）载运工具的经济装载量模型

在载运工具的类型已定（载运工具已购置或租用）的情况下，运输业者选择装运多少的目的是为了使提供运输服务的利润最大化。根据经济学的基本原理，供给者应当将产量置于边际收益等于边际成本处。对于某一运程来说，产量就是载运工具的装载量乘以运输距离。因此，运输供给者应当将装载量定在运输的边际收益等于边际成本时的水平上，此时的装载量定义为"经济装载量"。

从经济的观点来看，如果装载量达不到经济装载量，载运工具的运输能力出现闲置，这当然是不经济的；而如果载运工具的装载量超过了经济装载量，又会导致对载运工具的过度使用，在经济上也是无效率的行为。据此，运输供给者应当选择经济装载量为某一运程的最佳装载量，因为这样可以获得这次运输服务的最大利润。

（二）载运工具经济装载量的影响因素

第一，载运工具类型的影响不同类型的载运工具，其成本曲线的形式不同，经济装载量也千差万别。即使对于同一类型的载运工具来说，由于货运需求的多样性与复杂性，加之每一台车辆、每一架飞机或每一艘船的具体状况（如车龄或改装情况）与使用环境也不尽相同，其某一运程的经济装载量也存在差别。

第二，货运需求地区不平衡性的影响。载运工具的运输存在"返程问题"。由于货运需求的地区不平衡性，会引起载运工具在满载方向与回程方向经济装载量的区别。以2轴卡车为例，如果返程时运输需求较小，无法达到去时的经济装载量，那么，车主也可能同意提供运输服务，因为回程是无法避免的。

第三，固定税费的影响。如果固定税费水平提高，等效于增加了车辆的固定运输成本。因为如果对超载车的处罚与其装载量无关，对于车主来说处罚仅相当于固定税费，他/她有动力通过装运更多的货物来分摊掉这些处罚的成本。

第四，生产要素价格的影响。如果某一生产要素（燃油、轮胎、车辆配件等）的价格出现变动，情况就比较复杂了。简单地讲，如果生产要素的消耗相对于装载量缺乏弹性，例如司机工资通常不会随着装载量的变动出现较大浮动，那么这类生产要素价格更接近于固定成本，其价格水平的上升会导致车辆的经济装载量有所增加。而如果生产要素的消耗相对于装载量富有弹性，那么这类生产要素价格水平的上升会导致车辆的经济装载量有所降低。但总体上看，生产要素价格的变动对车辆的经济装载量影响不大。

二、载运工具的运力结构

（一）大型载运工具的经济性

在运力结构的范畴下，大型载运工具的经济性主要涉及以下方面：

第一，运载能力。大型载运工具的经济性与其运载能力密切相关。一辆大型载运工具的运载能力越高，每次运输的货物量就越大，从而降低了单位货物的运输成本。因此，选择适当的大型载运工具，能够在保证运输需求的同时，最大化地利用运力，提高经济性。

第二，运输效率。大型载运工具的运输效率对经济性也有重要影响。运输效率包括载货速度、路线规划、装卸时间等因素。高效的大型载运工具能够快速、安全地运送货物，减少运输时间和成本。因此，在经济性分析中，需要综合考虑工具的运输效率。

第三，燃料消耗。燃料消耗是大型载运工具经济性的一个关键因素。较低的燃料消耗意味着更低的运营成本。大型载运工具通常具有较高的燃料消耗，因此选择燃料效率较高的工具可以降低运营成本，并提高经济性。

第四，维护成本。大型载运工具的维护成本也是经济性的重要组成部分。维护成本包括定期检查、维修、更换零部件等方面的费用。较低的维护成本可以减少运营成本，提高经济性。因此，在经济性分析中，需要综合考虑大型载运工具的维护成本。

第五，折旧费用。大型载运工具作为一种资产，其折旧费用也需要考虑在经济性分析中。折旧费用是指资产在使用过程中价值的减少，通常以年均折旧费用计算。选择具有较低折旧费用的大型载运工具，可以降低固定成本，提高经济性。

综上所述，大型载运工具的经济性在运力结构范畴下主要涉及运载能力、运输效率、燃料消耗、维护成本和折旧费用等因素。在进行经济性分析时，需要综合考虑这些因素，并根据实际情况评估大型载运工具的经济性。

（二） 实载率与运输组织

既然大型载运工具和小型载运工具都是必要的，那么如何在运输市场中保持合适的运力结构（各类型载运工具的比例），这是供给者和需求者在运输市场中面临的选择问题，不存在"最优运力结构"。实际上，由于运输需求和供给的时空差异，以及供需之间交易利息的不完全，运输需求和供给的完全均衡很难实现。我们只能努力缓解供需冲突，减少效率损失。例如，通过运用载运工具的中转运输，充分发挥大型载运工具的成本优势和小型载运工具的灵活性，这属于运输组织的范畴。

现有载运工具的运输能力的充分利用应该在短期成本曲线上进行讨论，不适合用规模经济理论来分析，因为规模经济是指生产的长期平均单位成本逐渐降低。那么，如何解释网络经济与提高载运工具实载率的关系呢？这一点结合范围经济的概念就比较容易理解了。假设直达运输的产品是同质化的，那么经过网络中转的运输将涵盖不同类型的运输产品。如果同质化运输产品的数量足够大，运输业将组织直达运输，因为这样更高效。如果同质化运输产品的数量不够大，提高实载率的要求将促使运输企业利用网络形成中转式运输结构，以充分利用设备的能力。而一旦经过中转，载运工具上显然会包括起讫地点不同的运输对象。中转结构的范围越大，网络上不同起讫地点的运输对象也会越多。

因此，在许多情况下，运输业利用范围经济来满足提高设备实载率的要求。使用更大的载运工具往往需要更大的支持运输网络，运输业者利用网络经济的优势提高载运工具的实载率，是运输业规模经济和范围经济密不可分的显著例证。

铁路运输中应尽量组织直达列车，而航空业似乎更注重充分利用轴辐结构进行中转。这看起来好像很矛盾，但实际上解释只需要类似的思考方法。关键在于是否存在足够的列车和航班实载率，实载率过低的情况下就需要利用中转结构来提高。然而，由于中转会导致运输时间和其他方面的效率降低，因此只要实载率允许，运输业者就会尽可能组织直达运输。运输服务的基本组织形式除了点对点的直达运输和轴辐中转，还包括沿途上下和分段编解这两种结构，其中后者一般仅在铁路货运中可以看到。

网络经济或密度经济的原理适用于各种运输方式。例如，大型铁路网可以将各支线的运量集合到干线上形成长途客货列车，从而节约铁路运输的人力和其他资源。公路零担货运公司也可以利用自己的网络将小批货物集中成整车运输，从而产生密度经济。而公路整车货运往往只能利用大型车辆的能力。无论哪种运输方式，如何充分利用网络经济都是值得研究的课题。

在运输成本分析中，利用一般的成本理论或曲线具有一定困难，主要原因之一是运输企业经营在一个运输网络中，它们经常需要将不同质的运输产品或服务合并到共同的固定设施或载运工具中，换言之，提供多种运输产品或服务的运输企业很难找到准确计算每种产品或服务成本的合适方法。运输经济分析经常使用吨公里或人公里等统计指标，但需要注意的是，这些统计数字是如何产生的。

三、载运工具的经济寿命

（一）载运工具的经济寿命理论基础

同人类一样，载运工具也有自己的生存期限，不过长短差别很大。第一次产业革命时问世的蒸汽机车，现在还未完全退出历史舞台；而今天市场上一些人们喜爱的小轿车，可能几年后便不复流行。我们把载运工具从投入市场开始到被市场淘汰为止所经历的时间，称为载运工具的寿命周期。

关于载运工具的寿命有多种分析方法，最常见的"三分法"将载运工具的寿命分为自然寿命、技术寿命和经济寿命三种类型。

第一，自然寿命。载运工具的价值一般来说都会随着其使用时间或行驶距离的增加而减少，自然寿命是指载运工具从开始使用直至报废所经历的时间。这些有形损耗是由于使用和自然力的影响而引起的，因此载运工具自然寿命的长短与载运工具的质量、使用条件、使用强度和使用维修技术密切相关。

第二，技术寿命。由于载运工具生产制造工艺技术的发展，使原有载运工具的无形损耗加剧，有些载运工具甚至在它们的物理报废状态到来之前就已经在技术上应该被淘汰了。从载运工具开始使用到因技术性能落后而被淘汰所经历的时间，称为载运工具的技术寿命。

第三，经济寿命。根据经济效益确定的载运工具寿命，称为经济寿命。虽然依靠维修可以延长载运工具的自然寿命，但随着役龄的增加，技术状况不断恶化，维修费、燃油费等运营费用不断增加。载运工具使用的经济效益将逐渐恶化，以至于从经济上考虑需要做出淘汰。

移动性载运工具可以轻松地从一个运输市场转移到另一个运输市场，这是一个广泛运用的现象。经济寿命模型由于其简单易懂而被广泛采用。然而，由于使用模型需要准确估算随载运工具役龄变化而产生的相应成本，这极大地限制了模型的适用范围。同时，一些外部因素的变动，如技术进步和生产要素价格的调整等，也增加了经济寿命估算的复杂性。

（二）载运工具经济寿命的影响因素

1. 拥有载运工具的机会成本

（1）载运工具的售价。载运工具的购买或租赁成本对经济寿命有直接影响。高昂的售价可能会增加企业的投资成本，从而要求更长的使用期限来回收成本并实现盈利。因此，载运工具的售价是考虑经济寿命的重要因素之一。

（2）技术进步。技术进步对载运工具的经济寿命具有重要影响。随着技术的不断进步，新型载运工具往往具有更高的效率和性能，能够提供更好的运输服务。这可能导致老旧工具的陈旧和经济效益下降，从而缩短其经济寿命。因此，技术进步是需要考虑的重要因素之一。

2. 载运工具使用的机会成本

（1）固定税费。固定税费如保险费、许可证费用等是使用载运工具的一项成本。高额的固定税费会增加运营成本，可能降低载运工具的经济寿命。对于运输企业而言，减少固定税费的负担可以延长经济寿命，提高盈利能力。

（2）生产要素价格。运输业的生产要素价格对载运工具的经济寿命产生影响。例如，燃油价格的上升会增加运输成本，可能导致降低经济寿命。因此，运输企业需要密切关注生产要素价格的波动，合理控制成本，以延长载运工具的经济寿命。

（3）市场的经济状况。市场的经济状况也会对载运工具的经济寿命产生重要影响。经济衰退或需求下降可能导致使用率下降，从而降低载运工具的经济寿命。因此，运输企业需要密切关注市场的经济状况，灵活调整运力规模，以适应市场需求变化，延长载运工具的经济寿命。

3. 市场价格与载运工具的经济寿命

（1）市场价格。市场价格是影响载运工具经济寿命的重要因素之一。如果市场价格低于成本，运营载运工具可能不具有经济效益，导致经济寿命缩短。因此，运输企业需要关注市场价格的波动，进行成本控制和市场定价，以确保经济寿命的延长和盈利能力的提高。

（2）载运工具的经济寿命。载运工具的经济寿命本身也会对市场价格产生影响。经济寿命较长的载运工具在市场上有更长的使用期限，可能导致较低的市场价格。因此，运输企业在购买或租赁载运工具时需要综合考虑经济寿命，以平衡成本和盈利能力。

在实际运营中，运输企业需要综合考虑以上因素，并制定合理的战略和管理措施，以延长载运工具的经济寿命。这可能包括定期维护保养、技术升级、合理的运力规划、成本控制等。通过科学有效的管理，运输企业可以最大限度地利用载运工具，并实现持续的经济效益。

第三节　运输基础设施的经济特性

一、运输基础设施的成本特性

（一）机会成本难以把握

机会成本是指在做出一种选择时所放弃的其他可行选择所带来的成本。在公路运输基础设施的建设和运营中，机会成本难以把握是一个重要的成本特性。下面将围绕这一点展开论述。

首先，公路运输基础设施的建设需要大量的资金投入，这意味着在选择投资公路运输基础设施时，必然会放弃其他可能的投资机会。例如，政府在决定投入数十亿甚至上百亿的基础设施建设项目时，必须考虑这笔资金在其他领域的应用价值。这些领域可能包括教育、医疗、环境保护等公共服务领域，或者是其他产业和企业的发展。由于资源有限，政府在做出选择时需要权衡各种因素，包括社会效益、经济回报、就业机会等。然而，机会成本的具体数值往往难以准确把握，这给政府和决策者带来了一定的困扰。

其次，公路运输基础设施的投资具有长期性和不可逆性。一旦决定进行公路基础设施的建设，就需要付出巨额的固定资产投资，并且这些资产的投资回收周期相对较长。在这个过程中，由于技术进步、经济环境的变化等因素，可能会出现机会成本的变化。例如，在公路基础设施建设完成之后，新的技术可能会出现，使原有的基础设施在某些方面显得不够先进或者效率不高。这时，政府或者投资者可能会面临选择是进行升级改造还是新建设施的困境。此时，机会成本的考量就变得尤为重要，因为决策者需要权衡不同选择所带来的机会成本，并选择最具经济效益的方案。

另外，公路运输基础设施的建设和运营涉及多个参与方，如政府、企业、居民等。不同参与方对机会成本的理解和评估往往存在差异。政府可能更加注重公共利益和社会效益，而企业则更关注经济效益和市场竞争力。这些不同的关注点会影响对机会成本的认识和衡量。此外，机会成本往往涉及长远的利益和效益，而短期内的投资和回报往往更容易被注意到。因此，机会成本的难以把握也与时间跨度的考量密切相关。

综上所述，机会成本难以把握是公路运输基础设施成本特性的一个重要方面。在公路基础设施的建设和运营中，决策者需要权衡不同的选择和投资机会，并考虑长远的社会经济效益。为了更好地把握机会成本，需要建立科学的评估方法和决策模型，综合考虑各种因素的影响，并进行风险评估和可行性研究。同时，政府、企业和公众之间需要进行有效的沟通和协商，形成共识，以实现公路运输基础设施的可持续发展和社会经济效益的最大化。

（二）固定资产投资巨大

固定资产投资巨大是公路运输基础设施成本特性的一个重要方面。

首先，公路运输基础设施的建设和维护需要大量的固定资产投资。这些资金主要用于购买土地、建设道路、桥梁、隧道等基础设施设备，并进行必要的维护和更新。这些固定资产投资是公路运输系统的基石，为运输活动提供了必要的物理支持。然而，由于公路基础设施的规模庞大、工程复杂，投资金额往往巨大，对财政和投资者来说都是一项巨大的挑战。

其次，公路运输基础设施的固定资产投资具有长期性和不可逆性。一旦建设完成，这些固定资产将长期存在和使用，且很难进行大规模的变动或撤销。这意味着投资者需要在投资前进行详尽的规划和评估，以确保投资决策的准确性和可持续性。由于公路基础设施的使用寿命较长，投资者需要考虑未来多年甚至几十年的资金回报和运营成本。这种长期性和不可逆性使固定资产投资具有较高的风险和不确定性。

公路运输基础设施的固定资产投资也受到市场需求和经济状况的影响。公路基础设施的建设和扩建往往是根据预测的交通需求和经济发展预期进行的。然而，市场需求和经济状况是变化的，不同地区和时期的需求差异很大。如果投资者对市场需求和经济状况的判断不准确，可能导致投资过度或投资不足的问题，进而影响固定资产的回报和效益。因此，投资者需要密切关注市场需求的变化，并及时调整投资策略和规划。

此外，固定资产投资巨大也对财政和社会资源的管理提出了挑战。公路基础设施的建设需要大量的资金投入，这意味着政府需要进行有效的财政规划和资源配置。对于发展中国家来说，固定资产投资可能会占据相当大的财政预算，限制了其他社会经济领域的发展和投资。此外，固定资产投资还需要社会资源的支持，如土地征用、环境影响评估等，这需要政府与社会各方进行协调和合作。

综上所述，固定资产投资巨大是公路运输基础设施成本特性的一个重要方面。投资者需要面对巨大的资金压力和长期性的回报考量，同时需要密切关注市场需求和经济状况的变化。政府需要进行有效的财政规划和资源管理，以支持公路基础设施的建设和运营。只有在投资者、政府和社会各方的共同努力下，才能实现公路运输基础设施的可持续发展和社会经济效益的最大化。

（三） 成本难以归依

成本难以归依是公路运输基础设施的一个重要特性，它涉及多个方面的成本归依问题。在公路运输系统中，成本的归依不仅仅是指具体的成本项目，还包括与运输基础设施、载运工具以及其他相关因素之间的复杂关系。笔者将围绕成本难以归依这一问题，从四个方面展开论述，分别是运输基础设施成本的归依、与载运工具有关的公路成本、与载运工具无直接关系的公路成本以及与载运工具无关的公路成本。

首先，运输基础设施成本的归依是成本难以归依问题的一个重要方面。公路运输基础设施的建设和维护涉及多个参与方和利益相关者。政府、投资者、施工单位、监管机构等各方在基础设施的不同阶段和环节承担着不同的责任和成本。例如，在基础设施建设阶段，土地征用、建设材料采购、施工人工等都涉及多个参与方的投入和协作。而在基础设施的运营和维护阶段，涉及道路维修、交通管理、设备更新等各项成本，这些成本往往由不同的机构和部门承担。由于成本责任的分散和复杂性，运输基础设施成本的归依变得困难，很难将具体的成本准确地归因给特定的参与方。

其次，与载运工具有关的公路成本是影响成本归依的另一个因素。在公路运输系统中，载运工具的成本包括购买成本、维护成本、燃料成本等。然而，这些成本往往受到多种因素的影响，使成本的归依变得困难。第一，载运工具的购买成本与制造商、市场供求等因素有关。不同品牌、型号的载运工具价格存在差异，同时市场供求的变化也会影响购买成本。第二，维护成本受到维修和保养频率、零部件价格等因素的影响。同时，燃料成本则受到石油价格、税费政策等因素的影响。由于这些因素的复杂性和交互作用，载运工具的成本很难准确地归因给特定的因素和参与方，使成本难以归依。

再次，与载运工具无直接关系的公路成本也是成本归依难题的一部分。公路运输系统的运营和维护需要涉及各种配套设施和服务，如交通管理、收费站、服务区等。这些配套设施和服务的成本也是影响成本归依的因素之一。例如，交通管理的成本包括交通信号设施的维护和管理、交通警察的人工成本等；收费站的成本包括收费设备的购置和维护成本、收费人员的人工成本等；服务区的成本包括区域内设施的建设和运营成本等。由于这些成本与具体的运输工具无直接关系，很难将其准确地归因给特定的因素和参与方。

最后，与载运工具无关的公路成本也是成本归依问题的一部分。公路运输系统的建设和运营需要依赖于许多与载运工具无关的因素和资源，如土地、人力资源、技术支持等。这些与载运工具无关的成本往往难以准确地归因给特定的因素和参与方。例如，公路建设需要征地拆迁，这涉及土地征用费、补偿费等成本，但如何将这些成本准确地归因给特定的参与方是一个复杂的问题。另外，公路运营还需要人力资源的支持，包括交通管理人员、收费人员等，但这些人力资源的成本也难以准确地归因给特定的因素和参与方。

综上所述，成本归因的困难性主要源于成本责任的分散、复杂的因素交互作用以及与载运工具无关的因素和资源的影响。为了更好地解决成本归依问题，需要综合运用定量和定性方法，结合实证分析和专家判断，加强信息共享、数据采集和成本监测，提高成本归依的准确性和可信度，为公路运输基础设施的发展和管理提供有力的支持。

二、运输基础设施的商品特性

（一）公共物品属性

1. 公共物品的概念

（1）物品消费的竞争性。竞争性指的是在物品消费中，一个人使用一种物品将减少其他人对该物品的使用的特性。

（2）物品消费的排他性。排他性指的是在物品消费中，一种物品具有的可以阻止一个人使用该物品的特性。

（3）私人物品。前面讨论的商品供给的特点，针对的都是称之为私人物品的商品，私人物品是指由市场提供给个人享用的物品，这些物品在消费中具有竞争性和排他性。

（4）公共物品。与私人物品相对应的是公共物品，公共物品指的是消费时既无竞争性又无排他性的物品。比如大学校园中的校园广播是公共物品，当播放音乐的时候，要阻止校园里的任何人听到它都是不可能的（不具有排他性）；而且当一个人欣赏音乐的时候，并不减少其他人欣赏音乐的乐趣（不具有竞争性）。

一般而言，公共物品由政府提供，并供整个社会共同享用，例如国防、治安、消防、公共道路、基础教育、公共卫生等。私人物品由市场提供给个人享用，如商店里出售的面包、衣服、电视机、计算机等。

需要注意的是，公共物品与由公共支出生产的产品不是同一个概念。公共物品通常由政府公共开支提供生产，但并非所有公共开支所生产的产品都是公共物品。例如一国的邮政可能是由政府公共开支维持的，但邮政业务既不具有非竞争性也不具有非排他性，不是公共物品。

2. 公共物品的特点

公共物品，是指公共使用或消费的物品或服务。与之相对的概念是私人物品。公共物品与私人物品的区别不在于生产的方式上或资金来源上，而主要在于消费方式的不同。确认公共物品的标准有两个，即"非排他性"和"非竞争性"。

（1）非排他性，是指某人在消费一种公共物品时，不能排除其他人消费这一物品（不论他们是否付费）；而且，即使此人不愿意消费这一产品，也没有办法排斥。非排他性还有一层含义，是指虽然有些物品在技术上也可以排斥其他人消费，但这样做成本很高，是不经济的，或者是与公众的共同利益相违背的，因而是不允许的。

（2）非竞争性，是指某人对公共物品的消费并不会影响别人同时消费该产品及其从中获得的效用，每个消费者的消费都不影响其他消费者的消费数量和质量，受益对象之间不存在利益冲突；同时，增加一个公共消费者，公共物品的供给者并不增加成本，即在给定的生产水平下，为另一个消费者提供这一物品所带来的边际成本为零。

3. 公共物品的分类

公共物品是一种特殊的经济概念，可以根据其排他性和竞争性的特点进行分类。根据上述段落的描述，公共物品可以分为三类：纯公共物品、俱乐部物品和共同资源物品。

（1）纯公共物品是一类具有非排他性和非竞争性的物品。这意味着任何人都可以自由地使用和享受这些物品的好处，而且一个人的使用并不会减少其他人的使用权。这类物品的提供通常需要政府的干预和管理，因为市场机制无法自发地提供纯公共物品。

（2）俱乐部物品，它们在消费上具有非竞争性，但可以较容易地排除其他人的使用权。俱乐部物品可以通过成员资格或付费的方式来访问，因此可以限制物品的使用。例如，私人会所或付费电视节目就属于这一类。尽管俱乐部物品可以通过市场机制提供，但在一些情况下，政府可能需要进行监管和规制，以确保公平竞争和保护消费者利益。

（3）共同资源物品或公共池塘资源物品。这类物品在消费上具有竞争性，即一个人的使用会减少其他人的使用权。然而，与俱乐部物品不同的是，共同资源物品很难有效地排除其他人的使用。经典的例子是渔业资源或空中波段。由于缺乏排他性，共同资源物品容易受到过度利用和损耗，需要政府采取适当的管理和监控措施来维护其可持续性。

公共物品的提供涉及经济和制度两个方面。从经济角度来看，公共物品的特性决定了市场机制无法有效地提供这些物品，因为市场无法产生足够的利润来支持其供应。这就需要政府扮演起角色，通过税收或其他形式的公共资金来提供和维护公共物品。同时，公共物品的提供也与制度相关，特别是纯公共物品。这是因为纯公共物品的提供涉及公共权力和政治决策，需要个人将一定的权力让渡给国家或政府，以便实现公共物品的共享。

政府与市场之间的关系对公共物品的边界具有重要影响。在不同的国家和社会中，政府和市场的角色分配各不相同。一些国家更倾向于政府主导的公共物品提供，而另一些国家更倾向于市场机制的作用。这种关系的选择涉及经济效率、公平性、社会价值观等多个因素的权衡和考虑。政府与市场之间的协调和合作关系是确保公共物品供应的有效性和可持续性的关键。

总而言之，公共物品是一种特殊的经济概念，根据其排他性和竞争性的特点进行分类。纯公共物品具有非排他性和非竞争性，俱乐部物品具有非竞争性但具有排他性，共同资源物品具有竞争性但排他性难以实施。公共物品的提供需要经济和制度因素的综合考虑，涉及政府和市场的角色分配。政府与市场之间的关系决定了公共物品的边界和提供方式。理解和合理运用公共物品概念对于制定有效的经济政策和社会发展具有重要意义。

4. 公共物品的生产

公共物品的特点，决定了公共物品只能主要依靠政府来生产和提供。原因如下：

（1）公共物品具有的非排他性，使每个人都能够免费从这类物品的消费中分享到好处，或者他只需为此付出很小的代价，但所享受到的利益要多得多，每个人都想做一个"免费乘客"，于是，私人企业绝不肯生产这类物品，因为他得不到任何利益。

（2）公共物品的非竞争性，使增加一个公共物品使用者的边际成本为零，因此，不应当排斥任何需要此物品的消费者，否则社会福利就会下降。如果公共物品由政府生产，政府一方面可以用税收获得生产公共物品的经费，这等于全社会都被迫付费，一定程度上消除了搭便车现象（当然不纳税的人依然搭便车），另一方面可免费将此物品提供给全体社会成员，使这种物品得到最大限度的利用。

公共物品的生产和提供是非常复杂的事情。确定政府是生产和提供公共物品的主体只是第一步，接下来必须要决定提供哪些公共物品以及提供的数量是多少，这种决定比生产私人物品更为困难。

当私人物品的买者进入市场时，他们通过自己愿意支付的价格来显示对这种物品的评价，同时卖者也通过自己愿意接受的价格来显示生产的成本，资源通过价格信号配置到有效的均衡状态。但公共物品缺少有效的价格信号，需要通过一系列的制度和方法安排来达到有效供给。

（二） 多维商品属性

1. 运输基础设施的多维商品属性

一种商品或服务拥有众多的属性或质量维度，不同商品包含着不同数目的属性。随着生产中分工的发展和技术进步，商品的质量属性也日益复杂，运输基础设施产品也不例外，以公路基础设施为例，除了较为明显的公路长度、宽度、坡度等属性外，路面强度、路面抗滑性等也日益成为重要的公路属性。因此，公路是一组包含多个质量维度的商品。

在新古典经济学的完全信息世界里，商品的所有方面都可以被无成本地度量和索价，因此标准的经济理论往往忽视了质量的多维性问题。通常把商品当作只具有一种属性的同质实体的做法，容易得出这样的结论：商品要么被拥有，要么不被拥有，不存在任何所有权的中间状态，这种把经济权利等同于法律权利的观点似乎是有根据的。但是，权利从财产获益能力的意义上来说，在很大程度上是一个经济价值，而不是法律概念的问题。人们可以界定产权，可以按照对自己最有利的原则决定把产权界定到什么程度，在此意义上可以说，产权总能得到最好的界定。然而，放宽基本微观模型完全信息假设的后果之一就是使人们开始注意到大部分商品的质量多维性（对于公路产品来说，除了直观的由路面宽度、车道数等表征的车辆通行能力之外，还具有其他一些重要的质量维度，例如由路面厚度与路基、路面强度等指标表征的道路承载能力；由道路线型、坡度与标志标线的状况表征公路行驶的安全性，等等）。

2. 多维商品属性的产权界定

多维商品属性的产权界定涉及复杂性和成本。属性的多样性导致无法全面或完全准确地确定每个属性，而在不断变化的情况下，获取全面信息和确定产权都面临困难。产权界定本身也需要资源投入，完全界定成本高昂，因此产权往往处于部分界定状态。对于不同属性的权利，或者一笔交易中不同属性的权利，并不总是明确界定的。

因为产权界定困难，某些属性可能归属于某个所有者，其使用效率可能很高。然而，这并不能保证当该商品的其他属性也归属于同一所有者时，其使用效率也一定很高。即使法律一般不禁止所有者在每个属性上收取边际费用，但实际上，当商品的初始所有者只转让部分属性而保留其余部分时，交换所产生的净利益往往会增加。因此，有时人们会将商品的各种属性的所有权分散给不同的所有者，采取这种交换形式会导致商品的划分，让不同的所有者拥有同一商品的不同属性。

在某些情况下，如果所有者认为行使部分权利的成本过高（包括测量和监督的成本），而收益低于成本，甚至可能选择将这些权利置于公共领域，使商品的一些属性成为公共财产。这种情况下，人们并非没有意识到这些资产的产权，而是由于高昂的交易成本使人们不愿意界定产权，因此这些财产被留在公共领域。

因此，多维商品属性的产权界定受到复杂性和成本的影响。属性的不同归属和权利的分散可能会对商品的使用效率产生影响。在一些情况下，由于产权界定困难和高昂的交易成本，部分属性甚至可能成为公共财产。深入理解产权经济学的视角可以帮助我们更好地理解和管理多维商品属性的产权问题。

（三）互补性与替代性

运输基础设施最基本的组成单元是线路和节点，当节点之间存在着不同的线路时，这些线路和节点就构成了一个网络。运输基础设施网络的相互连接和合作是其网络经济性的基础，同时也决定了网络中各节点的竞争地位。

运输网络整体效率的提高有赖于网络中各个主体的合作，线路的"互补性"是指前后相继的线路通过节点连接起来，将大大增加各个节点空间交往的机会。网络可以通过允许供给者享受密度经济和范围经济产生成本的节约。同样，从使用者的角度看，较大的网络通常能提供较多的选择，例如，连接进入一个大的电信系统比属于一个小的通常更加受益。

运输基础设施网络的"替代性"是指当两个节点被不同的线路或网络连接时，不同线网可以开展竞争，其间的差异性带来了一定程度多样性，将增加消费者选择的余地并有利于提高消费者的福利。因此，任何单一网络的管理和调整必须考虑溢向其他竞争或补充网络的相互作用效应。网络间的相互作用效应意味着对任何一个网络中的连线和节点绩效的干预都可能影响该网络的其他元素。例如，给某一个特别的公共汽车线路进行补贴不仅可以对与其竞争的铁路服务产生影响而且还有可能通过改变旅行行为冲击其他的公共汽车服务。

（四）规模经济性与规模不经济

运输基础设施是现代社会不可或缺的重要组成部分，在运输基础设施的建设和运营中，规模经济性和规模不经济是两个重要的概念，用来描述运输基础设施在规模扩大或缩小时所带来的效率变化。

规模经济性在运输基础设施领域起到重要作用。随着运输基础设施规模的扩大，可以实现资源的充分利用和专业化分工，从而降低单位建设和维护成本。例如，在公路建设中，大规模的道路网络可以共享一些固定设施和资源，如桥梁、隧道、收费站等，减少了单个路段的建设和维护成本。此外，规模经济性还可以带来运营效益的提高。较大规模的运输基础设施可以吸引更多的交通流量，提高运输效率，减少拥堵和等待时间，同时降低单位运营成本。

然而，随着运输基础设施规模的进一步扩大，可能会出现规模不经济的情况。规模不经济的主要原因包括：①过大的规模可能导致管理和协调难度的增加。例如，在一个庞大的交通网络中，需要更复杂的管理和协调机制来保证各个节点的顺畅运行，增加了管理成本和运营风险。②运输基础设施的规模扩大可能会面临土地资源的稀缺和环境压力的增加，例如需要大量用地和资源来建设新的道路或机场，同时也可能对周边环境造成负面影响。

针对规模不经济的问题，需要进行合理的规划和管理。首先，应该进行规模适度化的评估和决策，避免过度扩张或缩小规模。在规划阶段，需要综合考虑交通需求、土地资源、环境影响等多个因素，制定合理的规模和布局。其次，可以采用先进的技术和管理手段来提高运输基础设施的效率。例如，引入智能交通系统、自动化设备和物流管理系统等，提高运输网络的运营效率和服务质量，降低单位运营成本。此外，还可以加强跨部门协调和合作，提高运输基础设施的整体效能。例如，建立统一的规划、建设和运营管理机制，加强信息共享和资源协同，避免重复建设和浪费。

综上所述，充分利用规模经济性可以降低单位建设和运营成本，提高运输效率和服务质量。然而，过大规模可能导致管理和环境压力增加，产生规模不经济的问题。通过合理的规划、技术创新和跨部门协作，可以克服规模不经济的挑战，实现运输基础设施的可持续发展。

三、运输基础设施供给的特性

(一) 投资收益的不确定性

1. 投资收益的折现

当人们打算投资于运输基础设施的时候，应该使用的评价方法也是把其未来收益的折现值与投资的机会成本进行比较。这是因为运输基础设施的投资期限一般很长，而未来的钱与现在投入的钱是不能直接比较的（考虑到资金的价值，未来的钱会"贬值"）。因此，我们需要将投资项目在日后所获得的收益折算成目前价值，并与投资额进行比较，当收益折现值在计算期限内的总和大于投资额时投资决策方可接受。折现值（PDV）是将投资项目今后各个年度的收益现金流根据某一折现率折合成成就的现金价值。折现率，亦称贴现率，是指将未来有限期预期收益折算成现值的比率。

除了折现值这种比较简易同时相对可靠的方法以外，对投资项目的评价还可以使用内部收益率的方法。在使用期无限长的前提下，一项投资的年均收益额与投资总额相比所得到的比值，在数量上等于该项投资的内部收益率。将计算得到的内部收益率与银行利息率对比，就可以得到对投资效益的评价。如果投资的内部收益率低于银行利率，说明投资是不成功的，因为这笔钱还不如存入银行。

2. 投资收益不确定性的应对

运输基础设施的建设和改善是促进经济增长和社会发展的重要举措。然而，运输基础设施投资往往伴随着不确定性，包括投资成本、收益预期和风险等方面的不确定性。这种不确定性对于政府和投资者来说都是重要的考虑因素，因为它可以对决策和资源配置产生深远影响。

（1）运输基础设施投资的不确定性体现在投资成本方面。运输基础设施的建设往往需要大量的资金投入，包括土地购置、建设工程、材料采购、技术设备等。然而，这些成本往往受到多种因素的影响，如物价波动、劳动力成本、环保要求等，难以准确估计和控制。投资者需要考虑这些成本的不确定性，以及如何应对潜在的成本风险。

（2）运输基础设施投资的不确定性还涉及收益预期方面。建设运输基础设施的目的之一是提高运输效率、促进贸易和流动性，从而带来经济和社会效益。然而，这些收益的实现往往受到市场需求、竞争状况、政策变化等多种因素的影响，预测和量化收益的不确定性较大。投资者需要进行风险评估和收益预测，以确定投资的可行性和回报期。

（3）运输基础设施投资的不确定性还涉及风险方面。运输基础设施项目面临多种风险，如政治风险、经济波动、自然灾害等。这些风险可能导致项目延误、成本增加甚至项目失败。投资者需要进行风险管理和规避策略，以减少风险对投资回报的不利影响。

针对运输基础设施投资的不确定性，需要采取一系列的应对措施：①加强项目前期的可行性研究和风险评估，全面考虑各种不确定性因素，并制定相应的风险管理策略。②加强政府的政策支持和合作，提供稳定的投资环境和政策保障，以降低投资者的不确定性。此外，加强信息共享和透明度，提高投资者对项目的了解和信心，吸引更多的投资。③技术创新和数字化转型也可以帮助应对运输基础设施投资的不确定性。例如，运用先进的建模和仿真技术，可以更准确地评估投资成本和收益，优化资源配置和项目设计。此外，利用大数据和人工智能等技术，可以提高运输系统的效率和可靠性，减少不确定性对运营的影响。

总之，运输基础设施投资的不确定性是一个复杂的问题，涉及投资成本、收益预期和风险等多个方面。投资者和政府需要认识到这种不确定性，并采取相应的措施，以确保投资决策的准确性和可行性。通过加强可行性研究、风险评估、政策支持、信息共享和技术创新等方面的努力，可以降低不确定性对运输基础设施投资的影响，促进可持续发展和经济繁荣。

（二）投资的社会公益性

1. 运输基础设施投资的目标

由于私人投资运输项目的风险过大，因此运输基础设施领域的投资很多都是由政府机构通过公共财政进行建设的。公共投资与私人投资的项目评价方法不同，因为公共投资主要应用在私人不愿或不能进行投资的领域。与私人投资的财务评价以盈利性为主要依据不同，公共投资的经济评价用社会净福利作为基本标准。私营公司的利润是用收入减去成本，而社会净福利则是用效益减去费用，社会净福利不一定要求得到全部效益的货币补偿。

2. 消费者剩余与社会净福利

运输项目社会经济评价与企业财务评价不同的另一个问题是，有些竞争性运输方式的运价不等于它的完全边际成本。例如，运输竞争者接受政府的运营补贴，或者并不为自己所引起的环境污染支付补偿，在这种情况下，没有得到补贴和没有造成污染的运输方式实际上社会效益更大（或实际成本更低），但其运价可能不占优势。如果不考虑税收，那么消费者的支付与运输企业的收益应该是一致的。运输企业的盈利计算与公共机构的成本-收益分析存在的主要差别：一是成本-收益分析要考虑外部性；二是成本-收益分析要考虑消费者剩余。

消费者剩余又称为消费者的净收益，是指买者的支付意愿减去买者的实际支付量。消费者的意愿支付如果实际上并没有真正发生，那么在企业财务评价中是不能被算作收益的，而在成本-收益分析中无论意愿支付发生与否，都应该算作效益。这一差别确实很重要，例如在价格管制的情况下，如果私人企业认为运价水平不足以补偿其投资和运营成本，它就不会为那些潜在而无法获得的收益而投资，但这对于公共机构而言该项目可能是可行的。

社会净福利是投资项目的社会效益与社会成本之间的差额，或者更准确一些说，是社会效益的折现值与社会成本折现值之间的差额。社会效益分为消费者支付和消费者剩余两部分。在大多数运输项目中,社会成本的计算是固定设施的建设与维护费用,此外还应该加上外部成本。显然,一个运输项目如果从社会角度看是合理的,那么它的社会净福利应该增加。

3. 运输基础设施的社会净福利

一个运输基础设施项目社会效益是消费者对该项目支付意愿的总和(消费者剩余+企业收入)。但是这种效益很容易被夸大估计,原因是有些效益常被多次计算。为避免公共设施效益的重复计算,一般要规定这种效益只对该设施的直接使用者进行计算,而不再计算间接使用者。

成本-收益分析并不在乎谁得到了效益或者谁负担了费用,只要社会净福利是正值就可以。例如某一投资项目可以带来较大的消费者剩余,并使它的社会净福利为定值,那么尽管该项目可能使投资者或经营者亏损,也应该建设。当然从另一方面说,根据同样的道理,假如某一项目没有多少消费者剩余,却可以带来巨大的生产者剩余(即利润),那么也应该建设。

公共投资于运输项目产生的一个问题是,那些使用该设施获得效益的用户可能并不必须为此而支付全部成本,因此往往引起对项目或设施的需要过大,但公共财政的能力总是有限的,结果就必须由政府根据成本-收益分析做出兴建某些设施而不兴建另一些设施的决策。有很多时候这种决策机制并不成功,于是就出现一些设施投资过量,而另一些必要的设施却未能及时兴建。假如使用公共运输设施获利的人能够自愿根据获利的多少而支付使用费,可能就不会出现上述问题了,但由于经济学中"搭便车"动机的普遍存在,很难避免这些现象。与此同时,地方政府往往会争相在本地上项目以便吸引更多的上级政府投资,而项目本身实际上可能并不能通过成本-收益分析。

第四章　公路交通运输的成本与价格

第一节　公路运输的成本及其分类

一、公路运输成本的意义

生产理论是从实物的角度分析投入的生产要素与产出数量之间的物质技术关系，而成本理论是从货币的角度分析投入成本与收益之间的经济价值关系。

成本一般是指厂商为了生产一定数量和质量的产品或劳务而花费的生产费用或代价。这代价主要是由为生产这些产品和劳务而购买有关生产要素时所支付的货币量构成，所以，成本一般是所耗费的生产要素的数量与其价格乘积的总和。

在生产技术既定的条件下，厂商必须决定如何进行生产。投入要素可以以各种方式组合，从而生产出一定量的产出。选择投入要素的最优组合，实际上就是选择成本最小化的组合。成本与生产者的命运息息相关。人们常常谈论企业的核心竞争力是科技、是人才，谈论企业的产品竞争策略等，其实，所有这些最终都要落实在成本上。

公路运输成本是指在运输货物或乘客时所需支出的费用和成本。它对于经济和社会的意义非常重大，涵盖了各个层面，从企业运营到国家经济增长都起着至关重要的作用。

首先，公路运输成本在企业运营中起着至关重要的作用。对于物流企业而言，公路运输成本是其经营活动中的主要成本之一。合理控制和管理运输成本，可以有效提高企业的竞争力和盈利能力。通过降低运输成本，企业可以在市场中提供更具竞争力的价格，从而吸引更多的客户。此外，运输成本的降低还能够促进企业的供应链效率，减少货物运输的时间和成本，提高物流的响应速度和灵活性。

其次，公路运输成本对于国家经济增长和发展也具有重要意义。公路运输是现代经济的重要组成部分，对促进商品流通、资源配置和市场一体化具有重要作用。通过降低公路运输成本，可以促进贸易和商业活动的发展，提高市场的竞争力和效率。同时，公路运输成本的降低还能够促进跨地区和跨国家的合作，加强地区经济一体化的进程，进一步推动经济的发展和繁荣。

此外，公路运输成本的意义还可以从环境和社会可持续发展的角度进行考虑。公路运输是一种高碳排放的运输方式，而运输成本的高低直接影响到企业和个人对于可持续发展的选择和行为。通过提高公路运输的效率和降低成本，可以减少能源的消耗和碳排放，从而降低对环境的不利影响。此外，降低公路运输成本还能够提高人们的生活品质和福利水平，促进社会的可持续发展。

在政府层面，公路运输成本的意义也不可忽视。政府作为经济的管理者和调节者，需要制定合理的政策和措施来降低公路运输成本，促进经济的发展和社会的进步。政府可以通过改善公路基础设施、减少运输环节、降低税费负担等手段来降低公路运输成本。这些举措不仅有利于提高公路运输的效率和安全性，也有助于促进就业和增加财政收入，推动经济的可持续发展。

综上所述，公路运输成本对于企业、国家和社会具有重要意义。它在企业运营中起着决定性的作用，对于国家经济的发展具有重要意义。同时，公路运输成本的降低还能够促进可持续发展和环境保护。因此，我们应该重视公路运输成本的管理和控制，通过合理的政策和措施来降低成本，推动经济的繁荣和社会的进步。

二、公路运输成本的特点

公路交通运输业是特殊的部门，不生产有形的物质产品，在生产和组织管理上有着不同于工业的特点，因而交通运输成本与生产物质产品的工业生产部门的生产成本相比，具有以下特点：

（一）成本计算对象和单位不同

从成本计算对象和计算单位看，工业成本是对原材料进行加工后完成的产品成本，它是分产品品种、类别或某批产品来计算的。而交通运输企业不生产产品，只提供位移服务。比如，就公路运输业而言，其服务是旅客和货物的位移，运输成本的计算对象是旅客和货物运输两大类服务。至于运输成本的计算单位也不同于工业成本。虽然公路运输的是旅客和货物，但运输成本不能只按运输的旅客人数和货物吨数来计算，而是采用运输数量和运输距离的复合计量单位，即按旅客人公里、货物吨公里或换算吨公里来计算。这是因为运输距离不同所消耗的费用也不同，只用旅客人数和货物吨数不能反映运输服务量和消耗水平。

（二）成本构成内容不同

从成本构成内容看，一般工业产品成本中构成产品实体的原材料消耗占较大比重。而运输企业不生产有形的物质产品，只提供运输服务，因而在其成本构成中，不像一般的工业产品生产那样消耗原材料，只消耗相当于原材料那部分流动资本的燃料、能源和动力等。运输成本中所发生的材料费用主要用于运输设备的运用、保养和修理方面，相对来说所占比重不大。

交通运输业资本密集，固定设施成本巨大，这是因为交通运输业的发展需要大量的固定资本投入，耗费巨资购置运输设备，建设运输线路、港、站、枢纽等运输基础设施。在运输成本中，占比重最大的支出是固定资产折旧费，约占全部成本的一半，其次是燃料费和工资。这和工业产品的成本构成显然是不同的。

（三）成本计算类别不同

从成本计算类别看，工业企业要分别计算生产成本和销售成本，二者构成了产品的完全成本。在一般的生产性行业中，销售费用在其总成本中占有相当大的比重，有的甚至销售费用大于生产费用。而运输服务不能脱离运输过程单独存在，运输生产过程就是其提供运输服务的过程，其生产过程和销售过程是结合在一起的，边生产边消费。因此，运输成本没有生产成本和销售成本之分，也没有半成品与产成品成本的区别，运输成本只计算它的完全成本，运输企业的生产成本就是其提供运输服务的成本。

（四）成本与产品数量关系不同

从成本与产品数量的关系看，工业生产过程中耗费的多少，与完成的产品数量直接相关。而运输服务则有所不同，尽管它的生产成果所完成的运量和周转量，其经济效益又体现在以吨（人）千米为计量单位的劳动消耗上，但其生产耗费的多少，主要取决于车、船、飞机运行距离的长短，而不是取决于完成周转量的多少。因为运输服务过程中，车、船、飞机不可避免有空驶情况存在，完成的周转量与实际的运输消耗不完全相同。如果有较大的空驶，虽然完成的周转量不多，但实际消耗依然很大。

三、公路运输成本的分类

公路运输成本是指与运输活动相关的各种费用和支出，包括车辆购买和维护、燃料费用、人力成本、道路使用费、保险费用等。这些成本的分类对于公路运输行业的管理和决策至关重要。

　　第一，车辆相关成本。车辆相关成本是指与车辆购买、维护和修理相关的费用。购买成本包括车辆的购买价格和相关税费。维护成本包括保养、更换零部件、维修和检查等费用。修理成本指车辆发生故障或事故后的修理费用。这些成本对于运输企业来说是重要的支出，直接影响到企业的经营成本和盈利能力。

　　第二，燃料成本。燃料成本是指车辆在运输过程中消耗的燃料费用。燃料成本是公路运输企业的重要支出之一，尤其对于长途运输而言。燃料成本的波动与国际石油价格密切相关，因此燃料成本的管理和控制对于企业来说具有挑战性。一些企业采取节能措施、优化运输路线和使用更高效的车辆来降低燃料成本。

　　第三，人力成本。人力成本是指与驾驶员和其他工作人员相关的费用。驾驶员的工资和福利是人力成本的主要组成部分。此外，还包括培训费用、社会保险、医疗费用等。人力成本在公路运输中占据重要地位，因为驾驶员的素质和工作效率直接影响到运输服务的质量和效益。

　　第四，道路使用费。道路使用费是指公路运输企业需要向政府或道路管理机构支付的费用。这些费用可以是固定的，如交通管理费、道路维护费等；也可以是变动的，如过路费、收费桥梁和隧道等。道路使用费的收取是为了维护和改善道路基础设施，并提供更好的交通运输环境。公路运输企业需要合理评估道路使用费对企业成本的影响，并在成本和服务质量之间进行权衡。

　　第五，保险费用。保险费用是公路运输企业必须支付的费用，用于购买车辆保险和运输责任保险等。车辆保险主要用于保护车辆在事故、损失和盗窃等意外事件中的利益。运输责任保险用于保护运输企业在货物运输过程中可能发生的损失和责任。保险费用的高低与保险金额、车辆类型和驾驶员记录等因素有关。保险费用的合理控制可以帮助企业降低风险和成本。

　　总之，公路运输成本的分类对于运输企业的管理和决策具有重要意义。不同类别的成本相互关联，对企业的经营状况和竞争力产生影响。因此，公路运输企业需要综合考虑各项成本，采取有效的管理措施，以降低成本、提高效益，并在竞争激烈的市场中取得成功。

第二节　公路运输成本的费用管理

一、公路运输成本核算

　　公路运输成本核算，是指企业在一定时期内车辆在运输过程中和企业在经营管理过程中发生和支付的各项营运费用，按照成本计算对象和规定的成本项目以一定的方法进行归集和分配，计算出客车运输、货车运输的运输总成本和单位成本以及装卸业务的总成本和单位成本，为检查和分析成本的完成情况提供真实可靠的核算资料。

（一）运输成本核算对象

道路运输企业在运输生产经营过程中发生的各项费用的承担者，就是运输成本核算的对象。由于旅客运输业务和货物运输业务是用不同的运输工具，即客车和货车来完成的，其许多费用发生在汽车上，因此，汽车运输业务的成本核算对象是客车运输业务和货车运输业务，由此计算得出的就是客车运输总成本和单位运输成本。挂车一般不单独计算成本，其所发生的费用计入主车分类成本；自卸车发生的费用全部计入运输成本。

车队运输业务应按车型作为成本核算对象归集费用，分别计算车型成本，企业汇总计算客车、货车分类成本。

（二）运输成本计算方法

汽车运输成本的计算方法，是指营运车辆在生产过程中和企业在经营管理过程中发生的各项费用，按照制造成本法的核算方法，针对成本计算对象，计入客、货车分类成本或车队车型成本的方法。由于运输成本计算对象较少，营运车辆在运输过程中发生的各项直接材料、直接人工费等，可根据有关原始凭证、统计资料、费用标准编制各种费用计算表，然后根据各种计算表直接计入客、货车分类成本和车队车型成本。企业总部在组织和经营企业生产中所发生的管理费用、财务费用等期间费用，分别按原始凭证、统计资料和费用预算标准计算期间费用总额，在计算企业利润总额时，直接从收入中扣减，不列入运输成本的计算范围。

二、公路运输成本控制与分析

成本控制是指在成本形成的全过程中，根据事先制定的成本目标，对各项生产经营活动进行指导、制约和监督，及时发现偏差，采取纠正措施，使企业各项生产耗费被控制在既定的范围内，以保证实现企业的成本目标。

（一）道路运输成本控制的内容

运输成本控制的主要内容是对各种费用开支、人力、物力消耗的控制。有些控制是绝对控制，有些控制是相对控制。绝对控制是对费用开支总额的控制，控制其不超过预算数；相对控制是把工作量、成本、收入等指标结合起来而进行的控制。当某些费用开支超过预算总额时只要同时能获得较多的收益，即使超过预算开支也是合理的。相对控制是积极控制。有时为了增加收益主动使费用开支超出预算数。在实际工作中，相对控制应得到广泛运用。

道路运输生产经营的特点，决定了成本控制的内容与工业企业不同。道路运输成本控制的内容应从以下方面进行分析：

第一，甲类成本控制，这类成本在一定时期是相对固定的，如工资、福利费、车辆使用税、其他车辆费、制造费用中的固定部分等。这类成本项目一般应实行绝对控制方法，即要控制各项费用的总发生额，发生额不能突破既定计划或预算范围。

第二，乙类成本控制，这类成本是随车公里变动而变动的成本，主要包括燃料、轮胎、保修、大修、折旧、行车事故损失、其他车辆费用的变动部分等。这类成本项目应采用相对控制方法，不能一味地控制发生额，要根据运输生产任务和盈利情况进行分析和控制。

第三，丙类成本控制，这类成本是随吨公里①变动而变动的成本。一般说来，在运价确定的情况下，吨公里完成越多，运输收入也越多，这类成本也随之增加。因此，对这类成本项目只能采取相对控制法。

第四，对运输周转量和车辆运用效率指标进行控制。车辆运用效率指标的提高或降低，会直接影响运输周转量的增减变动，而运输周转量变动，又会影响单位运输成本的升降。因此，这类指标控制也是成本控制的重要内容。一般地讲，对运输周转量指标应进行相对控制，对车辆运用效率指标要进行绝对控制，特别是里程利用率和拖运率指标，必须实行绝对控制。

总而言之，由于运输成本形成的多因素性和全过程性，涉及企业运输生产经营的全过程，因此，运输成本控制，也就必须从运输成本形成的全过程进行全面控制。不仅要控制各项费用的支出，还要控制人力、各种燃料、材料消耗量、各种技术经济定额以及运输周转量和车辆运用效率指标等，使运输周转量、人力资源、燃料消耗以及费用支出控制在既定的范围内，以达到降低运输成本的目的。

(二) 道路运输成本分析

道路运输成本分析，是道路运输企业经济活动分析的重要内容和组成部分，运输成本

---

① 吨公里是一种衡量货物运输量的单位，表示将一吨货物运输一公里所需要的能量或费用。通常，在物流和运输领域中使用吨公里作为衡量货物运输量的主要指标，以便比较不同货物的运输成本。

分析与运输生产计划和利润计划完成情况的分析有紧密的联系。运输生产计划完成情况的分析，是运输成本分析的基础，利润计划完成情况分析要以运输成本分析为依据。

1. 道路运输成本分析的步骤

（1）根据道路运输成本的计划资料、实际资料或上一年度实际资料，计算出成本降低额，确定运输成本分析的对象。

（2）对运输成本降低额进行综合分析，计算出甲类费用、乙类费用、丙类费用各项和车辆各项运用效率指标变动影响运输成本的降低额。

（3）对各项运输成本降低额按运输成本项目、各项车辆运用效率指标进行详细分析，找出运输成本升降的具体原因。

2. 道路运输成本分析方法

道路运输成本主要是根据成本降低额和成本降低率指标来分析的，它包括对成本进行宏观分析（整体分析）和微观分析（因素分析）两方面的内容。

（1）运输成本宏观分析，这种分析属于整体分析，通常是对成本计划的完成情况进行对比分析，主要分析实际成本与计划成本的差异，或者对成本降低指标完成情况进行对比分析，表明本期实际成本与上期实际成本的差异，从而反映本期成本管理工作的改进情况。

（2）运输微观分析。运输成本的宏观分析只反映了在运输成本计划执行过程中，企业整体成本管理工作的综合效果，并不能具体说明各成本项目变动和影响诸因素的作用程度。因而在运输成本分析中还需对构成运输成本的各个项目和影响因素做进一步的分析。

因素分析是一种常用的分析方法，可以对影响运输成本的各个因素进行深入分析。在运输成本分析中，我们需要将运输成本拆分成各个项目，例如人工成本、燃料成本、保险费用、维修费用等等。接着，我们需要对每个项目进行因素分析。

对于人工成本，我们需要考虑因素包括员工数量、薪资水平、员工素质等等。对于燃料成本，我们需要考虑因素包括燃料价格、车辆燃油效率等等。对于保险费用，我们需要考虑因素包括保险费率、货物价值等等。对于维修费用，我们需要考虑因素包括车辆质量、行驶里程数、维修技术水平等等。

通过对各成本项目的因素分析，我们可以深入了解每个项目的变动和影响各因素的作用程度。这样，我们就可以更加精准地制定运输成本管理策略，优化成本结构，提高运输效率。因素分析是一个非常有用的工具，可以帮助企业更好地理解和掌握运输成本的变动规律，为可持续发展提供有力支撑。

三、公路运输成本的降低途径

影响运输成本变化的因素很多，有企业内部的因素，也有企业外部的因素。企业内部的因素有运输生产方面的，也有经营管理方面的，如车辆技术状况、车辆保修质量、企业职工素质和经营管理水平等。企业外部因素包括：企业所在地工农业生产发展速度、客流、货源、运输市场竞争情况、公路等级、通过能力、气候条件和其他各种运输方式发展情况等。虽然影响因素很多，但归纳起来主要有两个：一是客货车完成的换算周转量；二是客货车运输总成本。很显然，在客货车总成本既定的条件下，客货车换算周转量增加，就可以降低千换算吨公里单位成本；在客货车换算周转量不变的情况下，减少成本总额，也可以降低千换算吨公里单位成本。所以，降低道路运输成本的途径，应从人、车、管、路四个方面入手。

（一）人员方面

随着生产力的不断发展，科学技术的突飞猛进，道路运输对职工的素质要求越来越高。为了提高企业职工的全面素质，必须抓好智力开发和职工培训工作，使广大职工的自我价值得到充分实现，成为具有高度的政治素养、精通业务技术、懂管理、会经营的生产、技术和业务骨干。在此基础上还要尽可能地压缩非生产人员和多余人员，严格执行定编、定员、定岗，以减少这些人员的工资开支。只有这样，才能有效地降低运输成本。

（二）车辆方面

营运车辆是道路运输企业主要的劳动手段，车辆技术状况、各种车型配比和车辆生产率的高低，都直接影响运输单位成本的水平。

1. 大幅度地提高车辆生产率

车辆生产率是反映和考核车辆生产效率的一项重要指标。该指标主要有单车期产量、车吨（座）期产量、车公里①产量等。单车期产量是指每辆车在一定时期内完成的运输周转量，但由于车辆吨（座）位大小不同，因此，单车期产量是一项不可比指标。车吨（座）期产量是指车辆每一吨（座）位在一定时期内完成的运输周转量，它是综合反映车辆运用效率和生产效率的一项指标。车公里产量是指车公里完成的周转量，它也不能综合反映车辆不同吨位大小之间的生产效率，只反映车辆车公里的生产效率。因此，提高车吨

① 车公里是衡量交通运输量的一种单位，它表示一辆车在行驶1公里的距离中所耗费的能量或费用。

（座）期产量，是增加产量和降低运输成本的有效途径。

2. 使用耗能小、效率高的大吨位车辆及新能源车辆

车辆吨位的大小对运输成本的影响很大。一般来说，大吨位车辆的单车产量高，消耗相对少，与小吨位车辆相比可以大幅度降低成本。如 8t 车与 4t 车相比，单车产量高一倍，而成本只是车公里变动成本稍有增加，固定成本增加很少。因此，在营运条件允许的情况下，使用大吨位车辆，特别是半挂车和柴油车，都是降低成本的重要因素。

在使用大吨位车辆时，要取得运输成本降低的实际效果，其前提是大吨位车辆的各项效率指标应不低于小吨位车辆的效率指标才有效。同时，车辆新旧程度不同，对单位成本水平影响也较大，新车与旧车相比，新车的生产效率高，耗能少，保修费用少，成本低，经济效益好。由于电能能源转换效率更高，因此电动车耗电的费用比普通汽车耗油成本更低。电动车耗电的费用比普通汽车耗油成本少一半，甚至更多。随着新能源汽车使用量的逐年增加，充电桩等各项配套设施将逐步完善，可以预见的是，未来采用新能源车辆的成本将会越来越低。

（三）管理方面

企业运输生产经营管理的好坏，直接影响运输单位成本水平的高低。对道路运输企业来说，管理是最重要的影响因素。因为企业在运输生产过程中，劳动对象并不掌握在企业手中，运输的空驶以及运输劳务的不可储存性，就决定了运输生产存在着许多不可避免的无效运输。因此，加强企业运输生产管理、降低运输虚耗、提高运输效率等都对降低运输成本有着重要的意义。

第一，加强行车耗用燃料管理，降低燃料消耗。营运汽车行车耗用的燃料，一般要在运输成本中占 25% 左右，因此，节约燃料消耗是降低运输成本的重要因素之一。影响车辆行车燃料消耗的因素是多方面的，如公路等级、车辆技术状况、保修质量、驾驶员操作水平以及燃料管理制度等。节约燃料消耗，先制定先进合理的行车燃料消耗定额，同时要把燃料的节约同驾驶员的经济利益挂钩。加强技术管理，总结推广节油经验，提高车辆保修质量。建立一套科学的油料领发、管理和定额考核的责任制度，要把行车耗用燃料作为考核单车的一项重要指标。

第二，加强轮胎和车辆技术管理，延长轮胎使用胎公里[①]和大修间隔里程。轮胎和大

---

① 胎公里是一个用于描述车辆轮胎使用寿命的单位。一般来说，胎公里是指一个轮胎在使用过程中所行驶的公里数。胎公里可以帮助车主和车队管理人员更好地掌握车辆轮胎的使用情况，及时进行维修和更换。

修费两项，在运输成本中所占比重一般仅次于燃料和保修费，这两项费用的节约和超支，也是影响运输成本的重要因素。所以，不断延长轮胎使用胎公里和大修理间隔的里程，可以相应地降低每胎公里和千胎公里费用，从而可以降低轮胎费用和大修费用。加强轮胎和大修费用的管理，企业要搞好车装轮胎和在用轮胎的技术鉴定、定期换位、保养、翻修、使用、保管等项工作；企业的营运车辆都要建立单车技术档案和统计台账，记录已行驶里程，定期考核大修间隔里程定额的执行情况，把两项费用定额作为考核单车的主要指标。

第三，加强车辆技术管理，提高保修质量，减少小修费用。节约小修费用是降低运输成本的重要措施，一般在运输成本中把保养和小修费用列为一项费用来管理，但它们在降低运输成本的要求上是有区别的。保养费用要求按计划开支，小修费用要求尽可能节约，只有按计划进行车辆的各级技术保养，才能节约小修费用。在车辆小修费用中，材料费的节约是关键。

第四，加强全面质量管理，提高工作质量。道路运输企业质量管理，主要包括行车质量、服务质量和保修质量等方面的内容。加强全面质量管理，可以减少行车事故，从而减少行车事故损失；而提高工作质量，可以减少小修费用。所以，加强全面质量管理，也是降低运输成本的一项重要因素。

第五，实行成本管理责任制，搞好单车和保修班组的经济核算。加强单车和保修班组的经济核算，是加强车队（场）和企业经济核算及成本管理的基础，只有单车和保修班组各项核算指标完成计划，才能保证车队（场）和企业成本计划的完成。单车和保修班组核算指标，应按照管什么算什么的原则，核算单车班组能够直接掌握的一些指标。单车一般核算运量、周转量、燃料消耗、轮胎使用胎公里、大修间隔里程、小修费用和安全间隔里程等指标；保修班组一般核算出勤率、工时利用率、材料消耗、返修率、修竣日期等。

另外，要实现通过降低成本增加企业利润，就要对企业发生的期间费用进行严格预算和控制，其控制方法可以采用预算控制、审批控制等。只有这样，降低运输成本和增加企业利润才能落到实处。

（四）道路方面

道路条件的好坏，虽不属于道路运输企业本身的问题，但是它对运输单位成本水平具有直接影响。道路条件好、路面等级高，不仅可以提高车辆技术速度和车辆生产率，而且还可以节约燃料消耗、减少机件磨损、节约小修费用、延长使用胎公里和大修理间隔里程等。所以，道路条件的好坏，也是降低运输成本的重要条件。因此，交通主管部门要不断为企业创造良好的道路条件，使道路运输企业的成本水平有较大的改善。

第三节　公路运输价格及其制定策略

一、公路运输价格的相关概念

（一）均衡价格

1. 均衡价格与均衡数量

在自由竞争的条件下，一种商品的需求和供给是决定该商品价格的两种力量，市场同时受到需求法则和供给法则的影响。当该商品的需求数量大于供给数量时，该商品的价格会上升；当该商品的需求数量小于供给数量时，该商品的价格会下降。当该商品的需求数量与供给数量处于稳定、一致时，该商品的价格也会处于稳定和相对静止。

均衡价格指一种商品处于需求数量和供给数量一致时的价格。与均衡价格对应的商品供给数量或需求数量称为均衡数量。与均衡价格对应的市场状态称为市场出清状态。

均衡价格是使供给量等于需求量的价格，其他的价格水平都不可能使供给量等于需求量。价格对于市场供需之间的平衡起着自动调节作用。当供给短缺时，通过价格的上涨减少需求量或增加供给量；当供给过剩时，通过价格的下跌增加需求量或减少供给量。因此，在价格的作用下，供给短缺与过剩都被消除了。

2. 均衡价格的形成

就需求方来说，市场上有许多消费者参与竞争，他们分别按某商品对自己使用时效用的大小对该商品出价，对效用大的愿意出较高的价格，对效用小的则只愿出较低的价格，从而形成一个犹如拍卖行中竞买者竞争的态势。在市场商品供给量一定的情况下，最后这些商品必定被愿意出较高价格的购买者买走，出较低价格的购买者则被市场淘汰出局。

就供给方来说，市场上也有许多生产者参与竞争，他们分别按自己的成本高低等提出要价，在市场商品需求量一定的情况下，一些要价较高的商品生产者必然会因找不到买主而被市场淘汰出局。如此反复进行下去，必然会使需求数量和供给数量越来越接近。

在买者之间、卖者之间以及买卖双方之间存在市场竞争的情况下，一种商品的供求开始时往往是不均衡的。但是，均衡价格不会一成不变，它会随着需求和供给的再次失衡而被打破，并在需求和供给的新均衡基础上形成新的均衡价格。均衡价格和均衡数量的变化是由供求规律决定的。

(二) 支持价格

在市场经济中，均衡是一种趋势，市场上有一种力量促使均衡价格的形成，而实际上，纯粹的市场经济仅仅是一种理论上的假设。在现实经济生活中，由于某些经济和政治因素的介入，市场竞争会陷入一些不健康的状态，如无序竞争、恶性竞争等。政府作为宏观调控的主体，为了保证市场物价的基本稳定、竞争的公平有序以及生产者和消费者的利益，有时会对市场实行对价格控制的政策，这些政策往往会对市场的供需均衡带来一定的影响。

支持价格又称为地板价格，即通过法律或政策手段把某种商品或服务的价格确定在高于市场均衡价格的水平上。支持价格为价格下限，即不允许市场价格低于支持价格（但市场价格可以高于支持价格）。由于它对生产方具有保护作用，又称保护价。如果某行业的供给波动性较大或者行业的需求缺乏弹性，那么供给的变动很可能造成价格严重波动，从而影响生产者的收入。如果政府认为由市场供求力量自发决定的某种产品的价格太低，不利于该行业的发展，政府就可以对该产品实行支持价格政策，阻止低价造成生产者收入下降。

在农产品生产中，价格支持政策被许多国家广泛采用。因为农产品，特别是粮食、棉花等重要产品的社会需求量相对比较稳定，但其产量往往受自然条件的影响变动较大。如果农产品的价格完全由市场竞争决定，那么丰收年份产量增加，价格就会跌到低点，农民的收入反而不能增加，导致第二年减少播种面积，使第二年农产品的供给小于需求，价格上涨。由于农产品为生活必需品，价格的剧烈波动会引起社会的动荡。许多国家政府对农产品实行价格支持，规定最低限价。农民按此价格或高于此价格向市场出售，剩余部分由政府按最低限价收购。

除了直接采用支持价格政策来进行控制，政府还可以采用间接的支持价格政策，即政府规定最低限价，当市场价格低于最低限价时，政府按照最低限价与市场价格之间的差额补贴生产者，而不收购其剩余产品。这样消费者可以以较低的市场价格购买到产品，而生产者也得到了相应的补偿。

(三) 限制价格

限制价格又称为天花板价格，是指政府为了防止某种商品或服务的价格上涨而对其规定的低于市场均衡价格的最高价格。政府主要采用最高限价的形式对少数因供求严重不平衡或特殊原因导致的价格暴涨予以控制，以限制暴利。比如，有些政府对石油价格进行控制，因为石油大部分是垄断经营，垄断企业可以通过控制产量来操纵价格，为此政府设立最高限价以保护消费者利益。

政府对某种产品实现限制价格会引起产品供不应求，造成短缺。短缺指在现行价格水平下，商品需求量大于供给量的状态。在短缺状态下，消费者不能买到他们想买的所有物品，短缺有时也称为超额需求。由于不允许索要较高的价格，就必须通过其他的途径来解决短缺问题。一般情况下，短缺会导致人们为了购买某种产品而不得不去排长队。有时政府会通过发放一定数量的配给券，只有持有配给券的人，才可以购买到商品。最高限价的另外一个影响就是导致产品质量下降，因为是卖方市场，生产者没有提高产品质量或降低生产成本的动力。

二、公路运输运价的特征、类型与构成

（一）运价的特征

交通运输价格也简称为运价，和一般商品的价格相比，运价具有以下特征：

1. 运价是一种服务价格

交通运输企业为社会提供的效用不是实物形态的产品，而是通过运输工具实现货物或旅客在空间位置的移动。在运输生产过程中，运输企业为货主或旅客提供了运输服务，运输价格就是运输服务价格。

服务产品与有形产品最大的区别是：服务产品是无形的，既不能储存，也不能调拨，只能满足一时一地发生的某种服务需求，运输企业产品的生产过程也是其产品的消费过程。因此，运输价格就是一种销售价格。同时，由于运输产品的不可储存性，因此当交通运输需求发生变化时，只能靠调整运输能力来达到运输供求的平衡。而在现实中运输能力的调整一般具有滞后性，故运输价格因供求关系而产生波动的程度往往较一般有形商品要大。

2. 货物运输价格是商品成本的组成部分

社会的生产过程不仅表现为劳动对象形态的改变，也包括劳动对象的空间转移，这样才能使物质产品从生产领域最终进入消费领域。在很大程度上，商品的生产地在空间上是与消费者相隔离的，这就必须要经过运输才能满足消费者对商品的实际需要。

一般而言，商品包括生产过程、运输过程和销售过程。与此对应的，商品的总成本包

括生产成本、运输成本、销售成本，而商品的运输成本就是商品作为货物的货物运输价格，货物运输价格是商品总成本的组成部分。货物运价在商品总成本中的比例主要根据商品本身的单位重量价值的高低来决定。比如，南非生产的钻石运到中国销售，其运输成本在其总价值中就只占很小的比例。而巴西的矿石运到中国市场销售，其运输成本在矿石总价值中所占的比例就比较大。

3. 运价根据运输距离的不同存在差别

货物运输或旅客运输按不同运输距离规定不同的价格，称为"距离运价"或"里程运价"。这是因为运输产品，即运输对象的空间位置移动是以周转量来衡量的，货物周转量以吨公里为计量单位，而旅客周转量则以人公里为计量单位。因此，运价不仅要反映所运货物或旅客数量的多少，还要体现运输距离的远近。运价以"元/吨公里"表示，叫作吨公里运价率。

同种货物的每吨公里运价因运输距离的不同而有所差别，甚至差别较大。因为不同运距的货物运输成本不同，总的趋势是运输成本随运输距离的延长而逐渐降低，即运输成本的递远递减。但是，差别运价率的制定，其递远递减程度、递远递减的终止里程，除了考虑不同运输成本因素外，还要考虑市场供需的影响，有时还要考虑政府的运价管理政策的制约。

一般运价率随运距的延长而不断降低，在近距离降低得快，在远距离降低得慢，超过一定距离可不再降低。运价率的变化，会因运输方式不同而有差别。一般来讲，铁路运输、水路运输的运价率变化很明显，公路运输的运价率变化较小。

4. 运价根据运输线路的不同存在差别

货物运输或旅客运输按不同运输线路规定不同的运价，称为"航线运价"或"线路运价"。采用此种运价是基于运输生产的地域性特点，运输工具在不同航线（或线路）上行驶，因自然条件、地理位置等不同而有显著差别。由于运输条件各不相同，即使货运（或客运）周转量相同，运输企业付出的劳务量相差很大。因此，有必要按不同航线或线路采用不同的运价。目前，这种运价同样广泛地使用于远洋运输和航空运输中。

5. 运价具有比较复杂的比价关系

货物运输或旅客运输，可采用不同的运输方式或运输工具加以实现，因此最终达到的效果也各不相同，具体表现为所运货物的种类、旅客舱位等级、运载数量大小、距离、方向、时间、速度等都会有所差别。而这些差别均会影响运输成本和供求关系，在价格上必然会有相应的反映。

（二）运价的分类

运价根据不同的分析角度，有以下划分方法：

第一，按运输对象划分。可以分为客运运价（或票价）、货物运价和行李包裹运价。

第二，按运输方式划分。可以分为铁路运价、公路运价、水运运价（包括长江运价、地方内河运价、沿海海运运价和远洋运价）、航空运价、管道运价以及当货物或旅客位移是由几种运输方式联合完成时在各种运输方式运价基础上形成的联运运价。

第三，按运价适用的地区划分。可以分为适用于国际运输线路、航线的国际运价，适用于国内旅客和货物运输的国内运价和适用于某一地区的地方运价。

第四，按运价适用的范围划分。可以分为普通运价、特定运价和优待运价等。普通运价是运价的基本形式，如铁路有适用于全国正式营业线路的全国各地统一运价，其他运输方式也有普通运价这种形式。特定运价是普通运价的补充形式，适用于一定货物、一定车型、一定地区、一定线路等。优待运价属于优待减价性质，如客票中有减价的小孩票、学生票，也有季节性的优惠票。货运优待运价适用于某些部门或有专门用途的货物以及适用于回空方向运输的货物等。

第五，按照货物托运数量划分。可以分为整车运价、零担运价和集装箱运价。整车运价适用于一批重量、体积或形状需要以一辆货车装载，按整车托运的货物。通常有两种计费形式：一种是按吨计费，另一种是按车计费。大多数国家采用按吨计费，也有一些国家采用按车计费。零担运价适用于批量不够整车条件而按零担托运的货物，它也是铁路运输和公路运输普遍采用的运价形式。一般来说，由于零担货物批量小、到站分散、货物种类繁多、在运输中需要比整车花费较多的支出，所以同一品名的零担运价要比整车运价高得多。集装箱运价适用于使用集装箱运送的货物。

（三）运价的构成形式

根据运价的不同组成形式及其各组成部分相互的比例，运价有不同的确定原理和结构。主要可以分为里程式运价结构、货种差别运价结构、客运差别运价结构、邮票式运价结构、基点式运价结构和区域共同运价结构等。其中里程式运价结构和差别运价结构是基础，其他各类运输价格主要是以这两种结构形式为基础形成的。

1. 里程式运价

里程式运价结构是指基于运输距离的远近而确定运价的一种定价形式，可以分为平均里程定价和递远递减定价，是最简单、最基本的运价结构形式。平均里程定价是按距离的远近平均计算单位运输价格，递远递减定价是根据一定范围内运输距离越远单位运输价格越低的原则确定运价。因为运输成本的变化是递远递减的，即单位运输成本是随着运输距离的延长而逐渐降低的。运输支出按三项作业过程可以分为发到作业支出、中转作业支出和运行作业支出。运输距离增加，虽然运输总支出会随着增加，但是其中成比例增加的只是与运行作业有关的支出，而始发和终到作业支出是不变的。因此，运输距离长时，分摊到单位运输成本中的始发和终到作业费用较少，因而运输成本低。

2. 货种差别运价

货种差别运价结构是指不同种类的货物适用高低不同的运价。不同种类的货物运输成本是有差别的。因此，在制定运价时要根据不同类别的货物制定相应的运价，按货种类别的差别运价是通过货物分类和确定级差来体现的。在我国现行的运价制度中，公路运输采用分级制，即将货物运价分成若干号或若干级别，每个运价号或级别都规定一个基本运价率，各种货物根据其运输成本和国家政策的要求，分别纳入适当的运价号或运价级别中。

影响各种货物运输成本的主要因素如下：

（1）各种货物的性质和状态不同，需要使用不同类型的车辆或货舱装载，如散堆装货物使用敞车或砂石车装载，贵重品、怕湿货物和危险品需用棚车装载，石油、液体货物需用罐车装载，易腐货物需用冷藏车装载，某些货物需用专用车装载等。而各种车辆的自重、造价、修理费和折旧费不同，车辆的代用程度也不同，从而对运输成本有不同的影响。

（2）各种货物的比重和包装状态不同，对货车载重量的利用程度不同。重质货物在整车运送时可以达到货车标记载重量；而轻质货物单位体积的重量低，占用车辆容积大，不能充分利用车辆载重量，而且同种轻质货物对车辆载重量的利用程度还因包装状态和包装方法而有差别。因此，完成同等周转量的不同货物所占用的运输能力和所花费的支出可能不相等。

（3）货物性质和所使用的车辆类型不同，装卸作业的难易程度不同，车辆停留时间长短不一，以及货流的集中程度对运输成本也有影响，如煤炭、矿石、沙石料等大宗货物发送和到达比较集中，便于组织运输。有些货物不仅需要特殊的车辆，而且需要提供特殊的装卸设施，这都会使运输成本提高。

3. 客运差别运价

客运差别运价结构是指同一运输方式内提供不同级别的客运服务，客运定价按照客运级别的不同而不同。不同级别的客运服务所需要的设备、设施、占用的运输能力及消耗的运输成本是差别的。客运运价应该根据运输成本、速度、舒适度等的不同而有所差别。

4. 邮票式运价

邮票式运价结构是指在一定的区域范围内，运费就像邮信贴邮票那样，不论距离的长短，都采用同样的运价。邮件及某些货物的运输、大部分的包裹快递、单一票制的公共交通等都采用这种运价结构。

5. 基点式运价

基点式运价结构把某一到达站作为基点，并制定基点运价，运费总额是从发送站到基点站的运费再加从基点到终点站的运费。基点式运价结构是里程式运价结构的变形，往往是不同运输方式或运输线路之间竞争的结果。

6. 区域共同运价

区域共同运价结构将某一区域内的所有发送站或到达站集合成组，所有在一个组内的各点都适用同一运价，而在不同区域之间，则采用不同的运价。区域共同运价结构是里程式运价结构与邮票式运价结构相结合的产物，也称为成组运价结构。也就是说，在每一个细分区域内部均采用邮票式运价结构，而在不同区域之间，则采用里程式运价结构。远洋运输中航区运价，即为区域共同运价。

三、公路运输运价的制定策略

（一）运输服务定价原理

1. 预期目标对价格制定的作用

价格是一种资源分配机制，"正确的"价格是不存在的，但是存在可以实现预期目标的最优定价策略。例如，以利润最大化为目标的价格很可能与以福利最大化或销售收益最大化为目标的价格不同。在某些情况下，定价不以最大化或最小化为目标，而以达到一定的下限，比如足够的安全性或最小市场份额为目标进行定价。不同的目标其价格制定的策略是不同的，对于私人运输企业，运输服务提供者通常以符合其利益为目标进行定价；但在其他领域，如一些公共运输企业，其制定价格的出发点可能是提高消费者福利。

现实中，定价的主要问题之一是如何选择目标。对于城市公共交通，定价的目标应为使低收入群体能够使用公共交通服务，还是为了减少高峰时期公共交通的拥挤，也存在争论。

2. 竞争和垄断对价格的作用

私人企业的定价很大程度上取决于供需双方市场势力对比，而供需双方市场势力受市场结构的影响。当供给者处在高度竞争的市场中时，该运输企业是不能控制价格的，价格由市场决定；反之，在另一种极端情况下，即市场上只有一个垄断的供给者和大量消费者时，该运输企业可以在很大程度上操控价格，但如果它要设立过高的价格，必须考虑到交易量和净收益的损失。在这两种极端情况之间的市场中，市场的参与方相互博弈，以消费者剩余或利润的方式，努力为自己争得最大的利益。

利润最大化是私人企业的传统动力。在这种情况下，实际价格水平取决于市场上的竞争强度。当市场上竞争激烈时，单个供给者对价格没有控制能力，必须遵从市场上供需双方相互作用形成的价格。在这种完全竞争市场中，没有供给者能长期地获得超额利润。这是因为超额利润会吸引新的供给者进入市场，从而提高了供给量。从长期看，价格将等于供给者的边际成本或平均成本。此时，企业将没有动机退出市场或改变产出，也不会有新供给者被吸引进入该市场。

与上述情况相反，完全垄断的供给者不用担心新的进入者会提高运输服务的供给量，他们可以自由规定价格和服务水平。能对这些垄断者形成有效约束的是买方抗衡势力，它可以阻止产量和价格的联合决策。然而，由于缺少竞争和垄断者们享有充分自由，当供给者采用利润最大化的策略时，价格肯定会高于边际成本和平均成本。这也是政府倾向于对铁路、港口等具有垄断特征的交通运输企业实行监管的原因之一。

3. 供需匹配状态对价格的作用

公路交通运输市场有自己的一些特征，因此其价格形成机制也有特殊性。由于提供服务的单位——车辆是移动的，所以从整个交通运输市场看，它是充满竞争的；但是由于交通运输服务具有空间特定性，甲地的交通运输供给无法满足乙地的交通运输需求。因此，尽管在总量上交通运输供给和需求达到了均衡，但在实际上，总有个别的不满足的需求和过剩的供给。因此，各个供给者制定价格时，就好像是垄断者，或表现出一定的垄断势力。无管制的市内出租车市场就是一个这样的例子。当且仅当出租车总能够准确地出现在需要它们的地点时，需求才能被完全满足。造成运费较高的原因是单个出租车驾驶人的垄断势力。由于出租车不会总是恰好出现在一个乘客的身边，当某个出租车被潜在顾客拦下时，出租车司机可以像垄断者一样对运输服务收取较高的费用。乘客很少因为听到驾驶人的报价而放弃乘该出租车，转而去拦下一辆，因为下一辆车费较低的可能性非常小，因此这样做是不值得的。当运费处在较高点时，单个出租车驾驶人没有降价的动机。因为对于顾客来说，出租车的外观是一样的．因此降价行为不能吸引更多的顾客，也就是说，降价的出租车驾驶人的收益会下降。

根据成本的构成制定运价，需要确定两个问题：一是正确核算运输成本，二是合理确定盈利水平。而其中关键的问题是如何确定运输成本，由此也形成了不同的定价方法。

（二）平均成本与边际成本定价

1. 平均成本定价

平均成本定价理论是指在运量一定的情况下，运价总收入必须足以支付运输业务的一切开支，所以运输平均成本是运价的最低极限。运输总收入在支付运输平均成本后，一般还应提供足以吸引投资的必要利润。平均成本定价也称平均成本加成定价，它是以某种运输方式正常营运时平均成本定价：以某种运输方式正常营运时的平均单位成本为基础，再加上一定比例的利润和税金而形成的运价。

平均成本定价法的优点是考虑了运输业的全部劳动消耗，且简单易行。一般适合运输需求充足、竞争不太激烈、货源比较稳定的运输线路或运输方式。但在竞争激烈的市场下有一些缺点，因为平均成本定价考虑了固定成本的因素。固定成本在经济决策中属于沉没成本，一般后续决策基本不考虑沉没成本的影响，否则会失去对企业有利可图的价格策略。

2. 边际成本定价

边际成本定价又称边际贡献定价法，是企业寻求和确定边际成本略低于边际效益时的最后一个增量，以找出最有利可图的运量和运价的定价方法。边际成本定价实际上是一种社会福利最大化定价。社会福利指消费者剩余加上企业总收益。公路交通运输具有一定的社会公益性，特别是像城市公共交通，需要为城市居民提供基本的出行服务，如果按照平均成本定价，均衡点是企业利润的最大化，并非社会福利的最大化。一般情况下，边际成本定价的社会福利要大于平均成本定价的社会福利。

（三）歧视定价与收益管理定价

1. 歧视定价

歧视定价指的是一家企业在出售一样的产品或服务时，对不同顾客索取不同价格的现象。有时，歧视定价是指对成本不同的产品制定同样的价格，更多的歧视价格是指成本基本相同而价格不同，其目的都是为了增加企业的总利润。

（1）歧视定价的必要条件。实现歧视定价需要满足三个条件：①企业对价格至少有一定的控制能力，即垄断能力，而不是只能被动地接受既定的市场价格；②企业能够根据价格弹性把企业的产品市场划分为不同的市场，即企业必须能够分清应该向谁索取高价及向谁索取低价；③企业的市场必须是能分割的，即企业必须能够阻止可以支付高价的顾客以低价购买商品。满足这三个条件，企业就能实施歧视价格，并从中谋取到更大的利益。

（2）歧视定价的类型。歧视定价可采取许多形式，但通常分为三类，它们的共同点是企业尽可能将本属于消费者的部分消费者剩余据为己有，因为消费者剩余是消费者根据自己对物品效用的评价所愿意支付的价格和实际价格的差额，统一定价时总会存在消费者剩余，而歧视定价则是尽量使实际价格接近消费者所愿意支付的价格。

第一，一度歧视价格。一度歧视价格是指为每单位产品或服务索取最高可能的价格。一度歧视价格是歧视价格最极端的形式，也是企业最能盈利的一种定价方法。由于每个单位的产品或服务都被索取了最高价格，因此，所有的消费者剩余都被攫取了。一度歧视价格并不常见，因为它要求卖者十分了解市场需求曲线。与一度歧视价格比较接近的可能是某些城市私车牌照拍卖制度，管理部门要求每一个可能的买者进行投标，凡超过最低标价的投标都被接受，投标人有义务按投标的报价购买车牌。通过这一过程，就有可能向每个准车主索取他愿意支付的最高价格。

第二，二度歧视价格。二度歧视价格是一度歧视价格的不完全形式，它不是为每单位产品或服务制定不同价格，而是根据单个消费者购买的数量大小来定价，每个购买相同数量的消费者支付的价格相同。二度歧视价格的一种表现形式是批发价格与零售价格的区别，或者团购价格与个别价格的区别。例如，某些城市公交采用月票制和季票制，通常季票比月票更"划算"，因为这样可以鼓励消费者购买更多的产品。

第三，三度歧视价格。三度歧视价格最为常见，它要求按需求价格弹性的不同来划分顾客或市场，这种划分可以根据市场的不同地理位置来定，也可以根据用户的特征来定。三度歧视价格也是对需求弹性较小的顾客或市场制定较高的价格，而对需求弹性较大的顾客或市场制定较低的价格。

有时候，歧视价格不仅体现在成本或价格上，在服务质量上也有所体现。一家公司常常会降低其顶级产品或服务的级别来生产性能较差的产品或提供质量较差的服务，这样它就可以以较低的价格出售这些产品，从而赢得低端的市场。

2. 收益管理定价

收益管理定价是一种在既定运力下，从预定的运输服务班次中获得超过成本的收益的管理能力，是公路运输市场中的重要定价方式。尽管本质上收益管理定价与歧视定价的理论基础是一致的，但这种手段和歧视定价还是有所不同的。后者对同一产品向不同的顾客群（以他们的价格弹性区分）收取不同的价格以获得最大的收益，在歧视定价中，服务每个顾客的成本是完全一样的。但在收益管理中，产品质量或其他方面通常存在差异，使提供服务时存在成本差异。另外，收益管理定价要重点考虑边际成本或增量成本问题。收益管理是一种资源分配机制，而价格歧视则是一种销售收益最大化的手段。将两者进行区分在现实中是非常困难的。

（四）高峰负荷与负担能力定价

1. 高峰负荷定价

大多数运输形式，无论是货运还是客运，对其服务的需求都有高峰，而且这种高峰是有规律的。这种运输需求在时间和空间上的不平衡性导致了运输服务定价的困难。城市公共交通在每个工作日的早晨和傍晚的繁忙时刻经历需求高峰，城市货物运输也有需求高峰以适应顾客的要求和经营习惯；而在一周之内，周末和工作日之间的需求水平有明显的差异。

从空间的角度来看，运输业者往往需要运载工具在完成运输业务后回到起始时的位置，而实际的运输业务都往往是单程的：货物一般不会再由原车载回，旅客一般需要返回其旅行的原起始地，却存在一个时间差，上下班通勤往返时段客流的主要方向是相反的。此类运输需求在方向上的不平衡会引起如何在满载方向与回程方向分配运输成本的问题，也就是联合成本问题。在所有的这些情况下，如何确定一种价格模式，以保证运输设施得到最优的利用是非常重要的。

高峰定价的基本原理是，供给者成本的主要部分应当由需求最大的消费者来承担，即高峰时期或地区的用户应当支付运输费用的大部分，而非高峰用户只要求支付变动成本。由于多个承运人会竞相压低运价以承揽那些数量有限的回程货物，因此回程运价只能定得很低。

2. 负担能力定价

运输活动的效用就是将一定量的货物或旅客由 A 地运到 B 地，因而在运输企业定价时要考虑这种效用，尤其是在货物运输市场，运输企业为了制定运价，要以货物的运输负担能力来衡量运输活动的效用。这里所讲的货物负担能力是指货物在运输服务起讫点上的价格差别大小。货物在运输服务起讫点上的价格差别是两地间该货物运价的最高限度，超过了这一限度，货物便不值得运输。

以货物的负担能力为依据，对高价格差别的货物制定高运价，对低价格差别的货物制定低运价。其根据主要是考虑高价格差别的货物对运价的负担能力较强。

另外，货物自身价值的高低对运价也有显著的影响。由于货物自身价值较高，运费虽高，但它在商品价值总量中所占的比重往往比低价值商品中运价所占的比重要低，其承受能力也高，因而即使制定高运价，货物也可以运输。而由于低价值货物自身的价值较低，对运价的承受能力也较弱，因此只能制定低运价。此外，运送高价值的货物，托运人对运输条件的要求较高、承运人所承担的风险较大也是一个原因。

按负担能力定价，是运输企业通用的一种定价方法，但这并无严格的科学依据。另外，也有人认为按负担能力定价实际上是使低价值商品享受了高价值商品的补贴，这对货主来说是不公平的。

（五）　互不补贴与次优定价

1. 互不补贴定价

几乎所有的交通运输基础设施都是由很多使用者共同利用的。载货汽车和小汽车共同使用公路，客机和货机共同使用机场，客运列车和货运列车共同使用铁路，而货运列车上又装载着不同货主的货物等。这就涉及交通运输基础设施的成本如何分摊的问题，也就是共同成本问题，从而涉及互不补贴定价原理。

互不补贴定价源于这样一个原则：交通运输设施的所有使用者作为一个整体，应该补偿该设施的全部成本；同时，在所有使用者整体内部，也不存在一部分群体比另一部分群体支付过多的情况。

互不补贴定价要求对运输设施成本进行精确的分摊。为了有效地分摊运输固定设施成本，需要找出引起成本的使用者。如果某项运输的取消会导致有关的运输设施成本发生变化，那么该变化的费用就是由这项运输的使用者所引起的。互不补贴定价的另一层含义是，任何一个使用者群体都不能通过取消其他使用者而使自己对运输系统的利用变得更好，即不存在交叉补贴。

互不补贴定价的基础是要对共同使用基础设施所导致的成本进行准确的划分，并能找到对应的使用者。而现实情况下，这样的准确区分往往比较困难。因此，互不补贴定价的应用也受到一定的限制。

2. 次优定价

互不补贴定价法在不同使用者群体之间确定了费用分摊的上、下限标准，这些标准往往不是针对使用者个人，而是针对使用者群体的。此外，互不补贴定价法常常也不能把成本全部分摊完毕，仍旧不能完全解决固定设施成本的回收问题。现实中很难得到最优的定价方法，因此就出现了次优定价方法。

次优定价法又称拉姆奇定价法，即在最优（最有效或福利最大化）定价无法实行的情况下，分摊固定设施成本，利用不同使用者群体的需求价格弹性差别作为分摊固定成本的基础。

根据拉姆奇定价法，每一个使用者群体都要支付一部分固定成本，其中需求弹性最小，也就是其他选择可能最少的使用者群体承担的比重相对最大。该理论的解释是，任何偏离边际成本的定价都会引起运输设施使用中的无效率，对于那些需求弹性较大的使用者，价格上升引起的退出使用的无效率也会较大，而为了尽可能地减少这种无效率，就只好对需求弹性较小的使用者提高价格。

广泛应用的拉姆齐定价法在许多领域具有适用性。例如，许多非营利性组织因税收或慈善捐赠而从中获得补贴，然而这些组织所属的行业（如地铁运营）仍可以使用拉姆齐定价法。即便补贴存在，将价格设置为边际成本并不能完全弥补企业的总成本，但是通过应用拉姆齐定价法，可以在补偿一定数量的固定成本的同时，最小化对资源配置的不利影响。此外，拉姆齐定价法有时会因定价时离边际成本最远的需求弹性最小的产品或服务（即替代品最少的）面临最高的定价，而遭受批评。尽管存在这种情况，但除了拉姆齐定价法外，没有其他选择。

第五章　公路交通运输的市场发展

第一节　交通运输市场的经济学基础

市场是通过相互作用决定一种或一系列产品及服务价格的买卖双方的集合。因此，可以把市场看作确定价格的场所。市场是商品经济发展的产物，随着社会分工与商品经济的发展，人们对交通运输产生了需求，随之也就产生了交通运输市场。

交通运输市场是为旅客、货主、运输业者、运输代理者提供交易的场所。由于交通运输的特殊性，在市场中起作用的除了买（旅客、货主）、卖（运输企业或中间代理商）双方外，政府的作用也不可忽视。

在交通运输市场活动中，需求方、供给方（包括代理商、中间商）直接从事着客、货运输生产和交换活动，属于市场行为主体。政府方以管理、监督、调控者的身份出现，不参与市场主体的决策过程，主要通过经济手段、法律手段、必要的行政手段制定运输市场运行的一般准则，规范运输市场上不同主体的运行，约束市场主体的行为，使运输市场运行有序化。

一、交通运输市场的特征与作用

（一）交通运输市场的特征

1. 供需调节具有地域性

交通运输市场与一般的商品市场不同，它出售的不是普通的实物产品，而是不具有实物形态、不能储存、不能调拨的运输服务，而运输服务依赖于交通运输基础设施，是具有地域性的，不同地域之间的需求和供给无法匹配，也无法进行调节。在一般的商品市场上，商品生产、交换和消费都是互相独立存在的，商品的生产、出售和消费构成一个整体循环过程。一般商品的供需调节不受地域的制约。

运输供给只能以提高运输效率或新增运输能力来满足不断增长的运输需求，而一旦需求下降，一些供给能力就会闲置起来。从这一点来看，运输需求的准确预测和运输供给的合理规划就显得尤其重要。

2. 具有网络服务性

运输产品进行交换的场所是纵横交错、遍布各地的运输线路和港站。这些线路和港站联结城乡，跨越省区甚至超越国界，相互贯通，交织成网。在具体的运输市场上，不同运输服务提供商有时存在竞争关系，同一种运输产品可以由不同的运输方式提供，并行的几种运输工具可以提供相同但质量上（比如运输速度、方便程度、舒适程度等）有差别的运输产品。有时又互相配合，例如多种运输方式联合完成一次完整的运输过程（又称为多式联运）。运输市场的这种性质，要求对其实行综合的和跨部门的管理，要求打破条块分割、部门各自为政的局面。

3. 容易形成垄断

交通运输市场容易形成垄断，这主要是因为自然条件和一定生产力发展阶段某一运输方式具有技术上明显的优势等原因造成的。即使到了五种运输方式共存，运输市场发育比较完善的时期，垄断痕迹依然存在。例如，许多发达国家都曾有过运河大规模建设、水运占统治地位的时期，其后铁路在运输市场中占统治地位达百年之久。20 世纪 50 年代以后，随着公路运输、航空运输和管道运输的发展，竞争上升为运输市场运行的主要特征，但各种运输方式仍旧在自己的优势领域保持一定的独占性，特别是铁路、管道在线路方面具有独占性，都使其自然地产生垄断经营的特点。

4. 强调安全和质量监管

在一般商品市场上，消费者购买商品可以挑挑拣拣，购买后对质量不满意还可以退货。而在交通运输中，运输服务和消费过程同时进行，当消费者发现运输服务质量较差时，他已经身处运输过程中，很难立即退出，这就使旅客和货主不得不勉强去消费自己事先选择了的运输服务。

交通运输市场的这种特殊性使其在安全和质量方面的监管要求比一般商品交换更加严格。在市场准入方面，要对运输业者的专业资质，以及其提供良好服务的能力进行严格的审查；在日常经营方面，通过相关的标准和规章对运输服务过程进行严格监督，同时为保障消费者的权益，普遍实行运输保险制度。

（二）交通运输市场的作用

1. 经济发展基础性功能

交通运输活动是为满足商品生产和交换的需求而进行的，它是社会再生产进行的必要条件，也是人民生活的重要基础。交通运输需求是一种派生性需求，即由其他经济活动的需求所衍生出来的需求。例如，商品的生产需要原材料和零部件的运输，消费者购买商品需要商品的配送运输等。

同时，交通运输的发展规模也会对经济的发展产生影响。一个高效发达的交通运输系统能够促进物质资源、人力资源和信息的流动，扩大市场规模，促进生产要素的配置和优化，推动经济的增长和发展。交通运输的发展水平和质量，直接影响着国民经济的运行效率和竞争力。

此外，交通运输还为社会化的专业分工提供了基础条件。通过交通运输，不同地域之间、不同产业之间的物流和人流得以快速、高效地连接起来，实现了社会资源的有效配置和优化利用。交通运输架起了各个生产部门、商业企业和消费者之间的桥梁，促进了分工与合作，推动了经济的发展和社会的进步。

因此，交通运输不仅是满足需求的工具和手段，更是经济发展和社会运行的基础条件，对于推动经济增长、优化资源配置和提高人民生活水平具有重要作用。

2. 需求与供给调节功能

需求与供给的调节功能在交通运输市场中起着重要作用。交通运输市场是一个涉及运输服务提供商和需求方之间的交互和交换的市场，通过市场机制实现需求与供给的平衡和调节。

（1）需求与供给之间的矛盾通过市场机制进行调节。运输需求的变化和波动会直接影响运输市场的供给，而运输服务提供商的供给水平和运力规模则会影响运输市场的需求。市场通过价格机制、竞争机制和供需信息的交流，使供给方根据需求变化进行调整，以满足市场的实际需求。

（2）价格机制在需求与供给调节中发挥重要作用。价格是交通运输市场中的一种重要信号，通过价格的变化，供给方可以判断市场需求的变化趋势，并相应地调整供给策略和运力规模。同时，需求方也可以根据价格的变化做出选择和决策，以满足自身需求。

（3）竞争机制对需求与供给的调节起到促进作用。在竞争的市场环境中，运输服务提供商之间为了获取更多的市场份额和利润，会不断提高服务质量、降低价格以吸引需求方。这种竞争促使供给方不断改进服务、提高效率，以满足需求方对质量和效益的要求。

（4）供需信息的交流是需求与供给调节的重要环节。运输市场需要及时获取需求方的信息和反馈，以便供给方调整运力和服务策略。同时，需求方也需要了解供给方的运力情况和服务能力，以便做出适当的选择和安排。

3. 市场信息传递功能

.市场通过价格信号向消费者和生产者提供有关稀缺状况的信息。价格是市场中最直接和常见的信息指示器，它反映了供需关系和资源配置的相对稀缺程度。当某种货物或服务供不应求时，价格会上升，向市场参与者传递供给短缺的信息，促使生产者增加供应或消费者减少需求。相反，当供过于求时，价格下降，向市场参与者传递过剩供应的信息，促使生产者减少供应或消费者增加需求。通过价格信号，市场有效地调节供求关系，实现资源的有效配置。

参与运输市场的市场主体拥有和掌握着不同的信息。不同的运输公司、运输从业人员、货主和消费者等市场参与者，具有各自的信息优势和专业知识。他们通过自身的行为和表现，向市场传递着相关信息。例如，运输公司通过设定运输价格，向市场传递其成本和竞争力等信息。运输从业人员通过运输技术装备的运用和维护，传递着其技术水平和服务质量的信息。货主和消费者通过选择不同的运输方式、提出运输要求等，向市场传递着他们的需求和偏好信息。这些信息的传递促使市场主体做出相应的决策和调整，从而影响市场的运作和经济活动。

市场信息在不同市场主体间流动，起到调节和支配市场经济活动的作用。信息在市场中被共享和传递，市场主体根据这些信息做出决策，调整其供求行为。市场信息的流动使市场更加透明，减少信息不对称和不完全的问题，促进市场效率和公平竞争。通过市场信息的传递，供应者可以更好地了解需求状况，调整生产和供应计划，以满足市场需求。消费者则可以根据市场信息做出购买决策，选择适合自己需求的产品和服务。市场信息的流动和传递有助于促进市场的平衡和稳定发展。

4. 资源合理配置功能

在特定的社会生产规模中，各行业之间以及行业内部客观上存在着最佳的比例关系。市场可以发挥合理配置资源的基础性作用，通过价格引导资源从获利较少的生产用途转向获利较多的生产用途上去，从不太重要的用途转到重要的用途上去。但由于交通运输业具有的垄断性、公益性和基础产业性等特点，仅靠市场机制调节很难达到资源的合理配置要求，需要政府采取一定措施干预市场，以使社会拥有低成本高效率的交通运输系统。

5．技术进步促进功能

市场竞争分为两种形式，即价格竞争和非价格竞争。价格竞争是通过降低产品价格击败对手，非价格竞争则是在产品质量、品种、信誉等方面进行竞争。在价格竞争中，各运输企业为了降低价格就必须降低成本：①运输市场促进运输企业持续地采用新工艺、新技术、新设备，从而提高生产效率、降低成本；②运输市场促使运输企业不断提高运输生产组织和管理水平，以实现生产资源的最优组合，从而降低成本。随着经济发展、人民生活水平的不断提高，对运输服务质量提出更新、更高的要求。高速技术、信息技术和智能技术等在交通运输业的广泛运用使非价格竞争成为各运输企业提高企业竞争力的重要途径。

二、交通运输市场的经济学理论

"公路运输经济是市场经济的一部分，具有促进我国经济发展的重要作用。"

（一）交通运输市场的供求关系

交通运输市场的供给来自提供运输服务的运输服务提供者，如运输公司、航空公司、铁路公司等。这些供应商提供各种运输方式和服务，如货运、旅客运输等。供给的数量取决于供应商的生产能力和资源可用性。

需求来自需要使用运输服务的个人、企业和其他组织。需求方根据其运输需求和预算来选择合适的运输方式和服务。需求的数量取决于消费者的需求量和其对价格的敏感程度。供给和需求之间的关系决定了市场上的价格和数量。如果供给超过需求，市场上的价格往往会下降，以促使更多的需求者购买运输服务。相反，如果需求超过供给，价格往往会上升，以平衡市场需求和供给。供给和需求的变化会导致市场上的价格和数量发生变化。例如，当供给增加或需求减少时，价格往往下降，而供给减少或需求增加时，价格往往上升。供给和需求的平衡是指供给和需求之间的匹配，市场上的数量和价格处于相对稳定的状态。市场经济中的竞争和价格机制有助于实现供需的平衡，并使市场能够有效运作。

（二）交通运输市场失灵

交通运输市场中可能存在市场失灵的情况，例如信息不对称、外部性和公共物品等问题。这些问题可能导致市场无法有效运作，需要政府干预来纠正。

1．信息不对称

信息不对称指供给方和需求方在交易中拥有不同的信息水平，导致市场交易不完全有效。在交通运输市场中，供应商通常拥有更多的信息，如运输服务的质量、安全性和可靠性等，而消费者则可能对此缺乏完全的了解。这可能导致消费者做出不完全的决策，无法有效评估和比较不同的运输选择。政府可以通过监管要求提供透明的信息披露，以增加市场的透明度和消费者的选择能力。

2. 外部性

交通运输活动常常伴随着一些正面或负面的外部效应，即影响市场参与者之外的人或社会。例如，交通拥堵、环境污染和交通事故等问题就是负面的外部性。这些外部性不会在市场交易中得到充分考虑，导致资源配置的不充分和社会福利的降低。政府可以采取措施来纠正外部性，例如征收拥堵费、实施排放标准和提供交通安全措施等。

3. 公共物品性质

某些交通基础设施和服务具有公共物品的性质，即一人的使用不会排斥其他人的使用，并且难以排除非付费用户。例如，道路和交通管制系统等。在这种情况下，市场机制可能无法有效提供适当数量的公共交通设施和服务，因为供应商难以通过定价机制获得足够的回报。政府通常会承担公共物品的提供责任，并通过资金投入、规划和监管来确保公共交通系统的有效运行。

这些市场失灵问题表明市场机制无法单独解决交通运输市场中的问题，需要政府的干预和调节来提供合适的规则和制度。政府的干预可以包括制定和执行法规、提供资金支持、建立监管机构和鼓励创新等。通过政府的干预，可以实现市场的有效运作，并提供更好的交通运输服务和公共福利。

（三）交通运输市场的价格形成

在交通运输市场中，价格通常是由供求关系决定的。供给的增加或需求的减少通常会导致价格下降，而供给的减少或需求的增加通常会导致价格上升。

当供给增加时，市场上可用的运输服务数量增多。这可能是由于新的供应商进入市场、现有供应商扩大产能或者其他供给因素的增加。如果需求保持不变，供给的增加将导致供需失衡，供给过剩。为了吸引更多的需求者，供应商可能降低价格，以便快速出售其产品或服务。相反，当供给减少时，市场上可用的运输服务数量减少。这可能是因为供应商退出市场、产能减少或者其他供给因素的减少。如果需求保持不变，供给的减少将导致供需失衡，供给不足。供应商可以利用供给的稀缺性来提高价格，以提高利润或平衡供需关系。

此外，需求的增加或减少也会对价格产生影响。当需求增加时，表示消费者对运输服务的需求增加，但供给保持不变，供需失衡，需求过剩。在这种情况下，供应商可能会提高价格，以反映较高的需求水平，并更好地匹配供给与需求。相反，当需求减少时，供需失衡，需求不足。为了吸引更多的需求，供应商可能会降低价格。

因此，供给和需求之间的关系决定了交通运输市场中的价格。供给的增加或需求的减少会导致价格下降，而供给的减少或需求的增加会导致价格上升。这种供求关系的调整是市场机制中的重要部分，以达到价格的均衡和市场的稳定运作。

（四）交通运输市场的政府政策

1. 市场监管和规制

（1）法规和规定的制定。政府制定和颁布适用于交通运输市场的法规和规定。这些法规和规定旨在规范市场参与者的行为，明确各方的权利和义务，确保市场的公平竞争和良好秩序。政府需要综合考虑市场需求、社会效益、安全性和环境可持续性等因素，制定合理的法规和规定。

（2）市场监管和执法。政府机构负责监管交通运输市场的行为。他们对市场参与者的经营活动进行监督和检查，防止不正当竞争、价格操纵和垄断行为等。政府通过执法手段，对违反法规和规定的行为进行处罚和制裁，维护市场秩序和消费者权益。

（3）许可证和审批。政府负责颁发交通运输市场相关的许可证和审批。这包括经营许可证、运输牌照、路线许可等。政府对申请人进行资格审查和业务能力评估，确保市场参与者具备必要的条件和能力，保障市场的合法性和安全性。

（4）价格监管。政府对交通运输市场的价格进行监管。他们通过制定价格政策、设定价格上限或下限，或者采取其他形式的价格干预，确保市场价格的合理性和公平性。政府的价格监管旨在防止价格操纵和垄断行为，保护消费者权益。

2. 基础设施建设和维护

（1）规划交通基础设施。政府负责制定交通基础设施规划，以确定适当的基础设施建设方向和布局。这包括确定公路、铁路、港口、机场等交通设施的建设目标、范围和时序，综合考虑区域发展需求、人口流动、贸易需求等因素，制定长期和短期的基础设施规划。

（2）建设交通基础设施。政府负责组织和实施交通基础设施的建设工作。这涉及公路、铁路、港口、机场等交通设施的建设、扩建和改善。政府通过投资、招标、监督等方式，推动基础设施建设项目的顺利进行，确保项目按时、按质完成。

（3）维护交通基础设施。政府负责维护和管理交通基础设施的运营和维修工作。这包括道路的修复、路面的养护、桥梁的维修、港口设施的维护等。政府通过建立相应的维护机制和监管体系，确保交通基础设施的安全可靠运行，提供良好的运输条件。

（4）投资决策。政府在交通基础设施建设和维护方面扮演着重要的投资者角色。政府需要制订投资策略和计划，确定投资额度和资金来源，对交通基础设施项目进行评估和决策。政府的投资决策直接影响到基础设施的建设进度和质量，对满足市场需求和促进经济发展起着重要作用。

3. 运输服务质量监管

（1）许可和认证。政府负责对运输公司和运输从业人员进行许可和认证。这包括对运输公司的注册和执照审批，以及对运输从业人员的资质认证和培训要求。政府通过审核和监管，确保运输公司和从业人员符合相关要求，掌握必要的技能和经验，以提供安全可靠的运输服务。

（2）运输工具的安全检查和维护。政府通过制定相关标准和规定，要求对运输工具进行安全检查和维护。这包括对交通工具的技术状况、装备设施、安全措施等方面的要求。政府通过定期检查、强制性维修和维护计划，确保运输工具在运营过程中保持良好的状态，以确保运输服务的安全性和可靠性。

（3）监管机构的设立和管理。政府可能设立独立的监管机构来监督和管理运输服务质量。这些监管机构负责监督运输市场的运作，确保运输服务符合安全和质量标准，维护市场的公平竞争和消费者权益。监管机构通过定期检查、调查投诉、发布指南和建议等方式，促进运输服务的提升和改进。

4. 政策制定和规划

（1）制定交通运输政策。政府负责制定交通运输政策，以指导和引导交通运输发展。这包括确定交通运输的发展方向、目标和原则，制定相关法律法规，明确政府的职责和权力，推动交通运输体制和机制的改革。

（2）制定交通规划和战略。政府需要制定长期的交通规划和战略，以确保交通系统的可持续发展。这包括规划交通基础设施建设，确定运输网络布局，提出交通技术和创新发展的目标和路径，综合考虑经济、社会和环境的因素。

（3）推动新技术和创新。政府鼓励和支持交通运输领域的新技术和创新应用。这包括推动智能交通系统的发展，促进电动汽车和可再生能源的应用，推广共享交通和智慧出行等新兴交通模式，以提高运输效率、降低能源消耗和减少排放。

（4）促进多式联运。政府倡导和支持多式联运，即不同运输方式的协调和衔接。政府可以提供政策支持和优惠措施，鼓励物流和运输企业采用多种运输方式组合，提高运输的灵活性和效率，减少运输成本和能源消耗。

（5）关注环境保护和可持续发展。政府在制定交通运输政策和规划时，要重视环境保护和可持续发展。政府可以设立环境标准和监管措施，推动低碳交通和绿色运输发展，加强对污染物排放和噪音的控制，促进交通与环境的协调发展。

5. 补贴和激励措施

政府可能通过补贴、激励和奖励措施来支持特定的交通运输服务或技术发展。例如，政府可以提供补贴以促进清洁能源交通工具的采购和使用，或提供激励措施以鼓励运输服务创新和提高效率。

通过这些干预措施，政府在交通运输市场中发挥着重要的角色，以平衡市场力量、提供公共服务和保障市场的有效运作。政府的干预旨在促进公共利益、可持续发展和社会福利的实现，同时确保市场的效率和公平性。

总体而言，交通运输市场经济学研究交通运输市场的运作机制和经济原理，以及政府如何通过政策和干预来优化市场效率和公平性。这些理论和原则可以帮助决策者和经济学家理解和解决与交通运输相关的经济问题。

第二节　运输市场的主要结构

一、竞争市场

在竞争市场中，存在多个运输服务提供者，它们之间竞争提供运输服务。这种市场结构下，进入和退出市场相对容易，没有明显的壁垒阻碍新的运输服务提供者进入市场，因此市场上的运输服务提供者数量较多。每个运输服务提供者相对而言拥有较小的市场份额。

竞争市场的特点是激烈的竞争和自由进入。运输服务提供者之间通过价格和服务差异化来吸引客户。由于市场上存在多个竞争对手，运输服务提供者需要不断提高服务质量、降低成本以及提供有竞争力的价格，以争取客户的选择。

竞争市场通常会导致以下四种结果：

第一，价格竞争。为了吸引客户，运输服务提供者倾向于降低价格，以在市场上保持竞争力。客户可以从价格下降中受益，因为运输服务的成本更加合理和经济。

第二，服务质量提升。为了在竞争中脱颖而出，运输服务提供者通常会提高服务质量，以吸引和保留客户。这可能包括更好的货物处理和运输安排、准时交付、良好的客户服务等。

第三，创新和多样性。竞争市场促使运输服务提供者不断进行创新，以区别自己并满足客户需求。这可能包括引入新的技术、开发更高效的运输方案以及提供个性化的服务选项。

第四，客户选择权增加。由于市场上存在多个运输服务提供者，客户拥有更多的选择权。他们可以比较不同提供者的价格、服务和特点，并选择最适合自己需求的运输服务。

二、寡头市场

寡头市场是指市场上存在少数几个主要的运输服务提供者，它们对市场具有较大的控制力和市场份额。这种市场结构下，少数几个运输服务提供者控制着大部分市场份额，相对较小的竞争程度使它们能够对市场产生较大影响。

在寡头市场中，由于市场份额集中在少数几个运输服务提供者手中，它们之间的竞争相对较弱。这可能导致以下四种情况：

第一，价格上涨。寡头市场中的运输服务提供者可以通过相互协调行为，如价格联动或价格固定来抬高价格。它们可以相互依存，通过共同行动来维持较高的价格水平，以获取更高的利润。

第二，市场行为的相互依赖。由于市场上只有少数几个运输服务提供者，它们的决策和行为通常会相互影响。一个运输服务提供者的策略变化可能会引起其他竞争对手做出相应的反应，形成相互依存的市场行为。

第三，产品差异化。在寡头市场中，运输服务提供者通常会通过产品差异化来吸引客户。它们可能提供特定的服务特点、增值服务或品牌优势，以区分自己并赢得客户的青睐。

第四，竞争壁垒增加。寡头市场中进入和退出市场的壁垒相对较高，新的运输服务提供者往往难以进入市场，因为现有的寡头企业已经建立了市场影响力和品牌认知度。这提高了现有运输服务提供者的市场地位。

由于寡头市场的特点，政府和监管机构通常会对市场进行监管，以确保市场公平竞争、保护消费者利益，并防止寡头企业滥用其市场权力。监管的目标是维持竞争市场的效率和创新，并防止价格操纵和市场垄断行为的发生。

三、垄断市场

垄断市场是指市场上只有一个主要的运输服务提供者，它对市场具有绝对的控制权和垄断地位。在垄断市场中，该运输服务提供者成为市场的唯一供应者，其他竞争对手几乎无法进入该市场或很难与垄断企业竞争。垄断市场的市场份额非常高，通常接近或达到100%。

垄断市场的特点是缺乏竞争，因此垄断企业可以自由地控制价格和市场行为，以追求自身利益最大化。这可能导致以下四种情况：

第一，价格操纵。垄断企业可以通过提高价格来获取更高的利润，因为市场上没有其他竞争对手可以对其施加价格压力。这可能导致消费者面临较高的价格，并且缺乏选择权。

第二，低服务质量。由于缺乏竞争压力，垄断企业可能没有动力来提供高质量的服务。缺乏竞争对手的刺激，它们可能缩减成本，降低服务质量，从而对消费者造成不利影响。

第三，创新减少。在垄断市场中，由于缺乏竞争，垄断企业可能缺乏创新动力。它们可能不愿意投入大量资金和资源来开发新技术或改进现有的运输服务，因为它们没有面临竞争对手的迫切需要。

第四，限制市场进入。垄断市场的进入壁垒非常高，新的运输服务提供者很难进入市场并与垄断企业竞争。这可能是由于垄断企业拥有特殊资源、技术或法律优势，或者是由于行业监管限制了竞争对手的进入。

在垄断市场中，政府通常会采取干预措施来保护消费者利益和市场公平竞争。这可能包括监管垄断企业的行为、限制价格操纵、推动市场开放和鼓励竞争等措施，以促进市场效率和消费者福利。

在实际情况中，公路运输市场的结构可能是多样的，既有竞争市场，也有寡头市场和垄断市场。市场结构的不同会对价格、市场行为和服务质量产生不同的影响。政府和监管机构通常会通过法规和政策来管理和调整公路运输市场，以确保市场的公平竞争和服务的高质量。

第三节　公路运输市场调查及其质量管理发展

一、道路运输市场调查

市场调查是运输经营者确定经营方向、寻求决策依据、制定正确的投资战略的重要手段；是使企业及时敏锐地根据运输市场的变化，变更经营决策，保证经营管理取得成效的基本条件；是使企业开拓经营，实现优化运输结构的基础保证；是组织合理运输、提高运输企业和全社会经济效益的重要途径。道路运输市场调查对道路运输企业的经营与决策有着十分重要的意义。

（一）旅客运输市场

旅客运输市场是以旅客需求和供给关系为基础形成的运输市场。道路旅客运输是指运用载客工具（主要指汽车）在道路（道路、城市道路）上使旅客进行位置移动的活动。道路旅客运输市场的需求分散，受生活习惯影响，需求波动大，对运输质量要求高，给运输生产的组织者增加了难度，供求平衡难以把握，这就要求道路运输企业在做好客流分析、预测的基础上努力提高生产组织水平，合理组织客运线路和班次，满足旅客的客运需求。

（二）货物运输市场

现阶段，货物运输的发展基本上满足了社会经济发展的需要，货物运输场站设施逐步完善、货物运输车辆充足、货物运输管理基本到位、货物运输法规基本健全、货物运输市场日趋规范的道路货物运输体系基本形成。

道路货物运输生产是向运输需求者（用户）提供运输服务的过程，并保证货物完整无损地运送到目的地。它是中短途运输的主力，不仅为铁路、水路、航空运输起集散货物的作用，而且厂矿企业内部运输及城市货物运输主要采用道路运输；在我国西北、西南及一些边远地区，还担负着长途干线运输任务。

（三）运输调查的内容

1. 市场环境调查

（1）政策、法规等政治环境调查。

第一，国家发展政策。调查国家对汽车运输业发展制定的相关政策，包括发展目标、优惠政策、扶持措施等。了解国家发展政策可以帮助企业了解政府对汽车运输业的关注和支持程度，为企业的发展提供指导和依据。

第二，法律法规。调查相关的法律、法规、法令和条例，包括交通运输法规、道路交通安全法规、环境保护法规等。了解法律法规可以帮助企业了解运营过程中需要遵守的法律要求，确保合规经营。

第三，政策性调整。调查国家在汽车运输业方面所做的政策性调整，包括税收政策、信贷政策、银行利率政策、燃料类型和价格政策等方面的调整。了解这些政策性调整可以帮助企业预测市场变化，做出相应的经营策略调整。

第四，政府部门政策。调查相关政府部门对于汽车运输业发展所制定的政策和措施，包括交通运输部门、工商行政管理部门等。了解政府部门的政策可以帮助企业了解行业监管要求和政府的监管重点，从而合理规划企业经营和发展方向。

（2）经济环境调查。

第一，经济形势。调查本地区的经济增长率、GDP总量、人均收入等经济指标，了解经济的整体发展状况。通过了解经济形势，可以判断本地区的经济活力和潜力，为企业的发展提供参考依据。

第二，产业结构。调查本地区的产业结构，包括主要产业部门的比重、发展趋势以及部门间的协调与稳定发展情况。了解产业结构可以帮助企业了解本地区的主导产业和竞争优势，为企业的定位和发展方向提供指导。

第三，国民收入分配。调查本地区的国民收入分配状况，包括不同收入群体的收入水平和分配差距等。了解国民收入分配可以帮助企业了解消费者的购买能力和消费倾向，为产品定价和市场定位提供参考。

第四，市场供需状况。调查本地区市场商品的供应与流通状况，包括商品的供应量、价格水平以及流通渠道等。了解市场供需状况可以帮助企业判断市场竞争程度和市场需求趋势，为产品定价和市场推广提供依据。

第五，物价波动状况。调查本地区的物价波动情况，包括商品价格的涨跌幅度和波动频率等。了解物价波动状况可以帮助企业预测成本变化和市场价格趋势，从而制定合理的价格策略。

第六，人民生活水平。调查本地区的人民生活水平状况，包括教育水平、消费水平、生活品质等方面。了解人民生活水平可以帮助企业了解消费者需求和消费行为，为产品设计和市场推广提供依据。

（3）技术环境调查。

第一，科学技术水平。调查运输行业在技术方面的发展水平，包括运输工具（如汽车）的技术性能、运输设备的自动化程度、信息技术在运输中的应用等。了解科学技术水平可以评估运输行业的现有技术能力和创新能力。

第二，科技政策。调查国家或地区对于运输行业科技发展的政策支持和措施，如鼓励科技创新、加大科研投入、优惠政策等。了解科技政策可以帮助企业了解政府对于科技发展的重视程度和政策支持的方向，从而有针对性地开展科技创新。

第三，新产品、新技术、新工艺和新材料的开发能力。调查运输行业在新产品、新技术、新工艺和新材料方面的研发和应用情况。这包括新型车辆、节能环保技术、智能交通系统、物流信息技术等方面的发展。了解这些新技术的开发能力和应用情况可以为企业提供创新方向和发展机遇。

第四，变化趋势及汽车工业新产品的开发投放。调查运输行业科技发展的变化趋势，包括技术更新换代速度、关键技术的发展方向、行业内的技术竞争等。此外，还需要关注汽车工业新产品的开发和投放情况，包括新能源车辆、自动驾驶技术等方面的进展。

（4）生产环境调查。

第一，与运输生产直接相关的因素包括燃料和配件供应以及道路交通条件。调查燃料供应的情况，包括燃料类型、供应渠道、价格趋势等，以确保运输企业有稳定的燃料供应，同时也了解燃料成本对经营的影响。此外，配件供应的调查可以帮助企业了解配件的供应渠道、价格和质量，确保车辆的正常运营和维护。此外，对主要营运线路和新开辟营运线路的道路交通条件进行调查，了解道路状况、交通流量和交通设施情况，以评估运输的效率和安全性，为运输计划和路线选择提供依据。

第二，调查本地区的运力、运量现状及发展趋势，道路运输市场竞争形势，以及其他运输经营者的经营策略和运输服务质量。了解本地区的运力和运量状况，包括车辆数量、车型、座位数、载货能力等，可以帮助企业评估市场供需关系和潜在竞争压力。分析道路运输市场的竞争形势，包括竞争对手数量、市场份额、价格水平等，有助于企业了解自身在市场中的位置和竞争优势。此外，还需要调查其他运输经营者的经营策略和运输服务质量，了解其服务特点、市场定位和顾客评价，从中汲取经验教训，优化自身的经营策略和提升运输服务质量。

（5）交通基础设施环境调查。

第一，道路密度及等级条件。调查道路的数量、长度、密度以及不同等级道路的情况。这包括高速公路、城市道路、乡村道路等各类道路的分布情况、道路等级及道路宽度等信息。通过了解道路的情况，可以评估道路的通行能力和交通拥堵情况。

第二，场站设置及其网络系统。调查交通场站（如车站、码头、机场等）的设置情况，包括其数量、位置、规模和服务范围等。同时，还需要了解场站之间的联系和网络系统，即各个场站之间的交通运输网络情况，包括线路、航线、运输频率等信息。

第三，运输信息服务系统。调查本地区的运输信息服务系统，包括交通管理信息系统、实时交通信息系统、票务信息系统等。这些系统可以提供交通运输相关的实时信息，如交通状况、车票预订和购买、线路查询等，为旅客和运输企业提供便利。

（6）社会和文化环境调查。

第一，文化背景和风俗习惯。调查当地的文化背景和风俗习惯，了解人们的生活方式、社会交往方式和行为习惯。例如，有些地区可能更注重家庭聚会和节日庆祝活动，这可能会在特定的时间和地点对旅客运输需求产生影响。

第二，价值观念和生活方式。调查当地人们的价值观念和生活方式，包括对旅行、休闲和娱乐活动的态度。了解人们对于旅客运输的重要性、舒适性和便利性的看法，有助于企业更好地满足他们的需求，并开展有针对性的市场营销活动。

第三，家庭结构和人员流动趋向。了解当地的家庭结构、人口规模和人员流动趋向，对于预测旅客运输需求和开展线路规划非常重要。例如，有些地区可能存在大量的家庭或个人外出探亲访友的需求，而有些地区可能有较大的旅游人口流动，这些因素都会影响到旅客运输的需求量和运力配置。

第四，消费习惯和需求差异。调查人们对于日用品品种、规格、数量等的需求差异，以及对当地土特产品的需求情况。了解当地人们的消费习惯和购物需求，有助于运输企业根据市场需求调整运输服务，如提供合适的储物空间或提供物流配送服务。

2. 市场供给调查

市场供给调查是一种用于了解运输劳务供应情况的调查方法。其主要目的是收集有关本地区不同运输方式的运力规模、运输量以及服务质量等信息，以及其他汽车运输经营者的经营方式、运力构成、生产结构、布局和技术水平等方面的现状和发展趋势。此外，该调查还需要了解本企业在同类运输经营者中的地位和市场占有率等相关信息。

通过市场供给调查，可以获取以下四条重要信息：

（1）运力规模和运输量调查。了解本地区各种运输方式的运力规模，包括货车、船舶、飞机等的数量和容量。同时，了解各种运输方式的实际运输量，包括货物的数量、乘客的数量以及运输频率。通过了解运力规模和运输量，可以评估市场供需关系，判断市场的竞争激烈程度和潜在需求。

（2）服务质量调查。对运输服务的质量进行评估。这包括准时性、安全性、准确性等方面。通过调查客户对服务质量的满意度和需求，可以了解市场对服务质量的要求和期望，为提供优质的运输服务提供指导。

（3）竞争对手情况调查。调查其他汽车运输经营者的情况，了解他们的经营方式、运力构成、技术水平等信息。还需要了解竞争对手在市场中的地位和份额，以及他们的竞争策略。通过对竞争对手的调查，可以评估市场竞争态势，发现自身的优势和劣势，制定相应的竞争策略。

（4）市场发展趋势调查。调查市场的发展趋势，包括新的运输技术、服务创新以及市场结构的变化等方面的信息。了解市场的动态变化，可以预测未来市场的发展方向，为企业的发展和战略规划提供依据。

通过市场供给调查获得的信息可以帮助企业制定运输策略、优化运力配置、改进服务质量，并针对市场变化做出相应的调整和决策。此外，政府和监管机构也可以利用市场供给调查的结果来制定政策、规划基础设施建设，并监管市场竞争和运输服务质量。

3. 市场需求调查

（1）市场需求调查。主要内容有客源调查、货源调查和运输需求者行为调查。

第一，客源调查，主要是了解旅客的乘车意向，掌握旅客的流动规律，以便企业合理地安排班车的运行线路和班期、班次，从而最大限度地满足旅客的需要。

自然条件和行政区域划分。了解本地区的自然环境和地理特点，包括气候、地形、景观等因素对客运需求的影响。同时，了解行政区域的划分情况，以便确定客源的地域范围和重点区域。

人口数量和构成。调查城乡人口的数量、构成和分布情况。了解人口的数量和构成可以帮助企业确定潜在的客源规模和特点，例如年龄、性别、职业等因素对客运需求的影响。

旅游点和疗养机构。调查旅游点和疗养机构的分布情况，了解其吸引旅客的特点和需求。这可以帮助企业确定与旅游业相关的客源，如旅游客运线路和定制旅游服务等。

居民收入和消费水平。了解居民的收入水平和消费水平，以及不同职业、年龄、性别等因素对客运需求的影响。这可以帮助企业确定客户的消费能力和支付意愿，进而制定合适的价格策略和服务包装。

出行行为和需求。调查不同人群的出行频率、出行时间、出行目的以及对汽车客运的需求。了解客户的出行行为和需求可以帮助企业确定运力需求、优化运输线路和班次安排，提供更加满足客户需求的服务。

客流波动和季节性变化。分析客流的波动程度和季节性变化规律，了解客源的特点和需求变化。这可以帮助企业合理安排运力和资源，应对客流高峰和特殊情况的需求。

班车利用率和经济效益。调查当前运行线路上的班车里程利用率和座位利用率，了解客运线路的经济效益和运营情况。这可以帮助企业评估线路的盈利能力和市场潜力，优化运力配置和经营管理。

运输方式和站点设置。调查各种运输方式的站点设置情况和衔接情况，了解客源的交通需求和便利性要求。这可以帮助企业确定合适的站点布局和运输模式，提供便捷的客运服务。

第二，货源调查。

货物流量和流向。调查各种货物的流量、流向和流动趋势。这包括了解不同货物的运输量、运输路径、运输方式等信息。通过分析货物的流动情况，可以了解市场的需求状况和主要的运输需求区域。

货物流时和运距。调查货物的运输时间和运输距离。了解货物的流动时间和距离可以帮助企业制订合理的运输计划，优化运输线路和班次安排，提高运输效率。同时，还可以根据货物的流动距离和时间确定合理的运输价格。

货物种类和变化趋势。调查不同货物的种类和变化趋势。了解市场上的主要货物种类和其变化情况，可以帮助企业把握市场需求的变化，调整运输服务的类型和质量，以满足客户的需求。

货主需求和要求。调查货主对运输质量、价格、速度等方面的要求。了解货主的需求和要求可以帮助企业确定服务的重点和优化运输方案，提供符合货主期望的运输服务。

重点行业和地区。重点调查与货源相关的行业和地区，如重点厂矿企业、商品经销商、物资供应部门等。了解这些重点行业和地区的货物流动情况，可以把握关键客户和市场需求，加强与其的合作，提供定制化的运输服务。

（2）潜在需求调查。

研究市场潜在需求是为了了解潜在需求是否能够转化为现实需求，并评估实现这种转化的可能性和程度。潜在需求指的是市场中尚未被满足或未被充分满足的需求，即潜在的消费者对某种产品或服务的需求存在但尚未得到满足的情况。

通过研究市场潜在需求，可以获得以下五条信息：

第一，需求存在性。确定潜在需求的存在与规模。这包括分析市场中的人口、消费趋势、社会变化等因素，以确定是否存在未被满足的需求。

第二，需求动机。了解潜在需求背后的动机和驱动因素。这可以通过调查、访谈和市场调研等方法获取消费者的意见和反馈，以确定他们的需求和偏好。

第三，需求转化潜力。评估将潜在需求转化为实际需求的可能性和潜力。这包括考虑市场环境、竞争情况、技术可行性、价格敏感性等因素，以确定需求转化的可行性和成功率。

第四，需求满足程度。评估当前市场上现有产品或服务对潜在需求的满足程度。这可以通过市场调研、竞争分析和消费者反馈等方式进行，以确定市场上存在的空缺和改进的机会。

第五，市场策略和定位。基于对潜在需求的研究结果，制定市场策略和产品定位。这包括确定目标消费者群体、产品特点和差异化竞争优势，以满足潜在需求并吸引消费者。

研究市场潜在需求对企业和决策者来说非常重要，它可以帮助他们了解市场的未来发展趋势、探索新的商机、优化产品和服务，以及制定更具针对性的市场营销策略。同时，政府和政策制定者也可以利用这些信息来促进市场发展和提供公共服务。

4. 市场经营行为调查

市场经营行为调查是一种针对运输经营者的经营行为进行的调查方法。其主要目的是评估运输经营者的经营资格、职业道德、服务质量、运输价格、税费缴纳等方面的情况。这种调查能够提供有关运输经营者行为的详细信息，以便评估其合规性和市场竞争力。

通过市场经营行为调查，可以获取以下五条重要信息：

（1）经营资格。调查运输经营者的注册资格、执照和证书等，以确保其合法经营，并符合相关法规和规定。

（2）职业道德。评估运输经营者的职业道德和商业行为准则，包括诚信度、诚实守信、客户关系管理等方面的表现。

（3）服务质量。调查运输经营者提供的服务质量，包括准时性、安全性、客户满意度等方面的评估，以了解其在市场上的竞争力和口碑。

（4）运输价格。调查运输经营者的定价策略和价格水平，以了解其在市场上的定价竞争能力，并评估价格是否合理和具有竞争力。

（5）税费缴纳。了解运输经营者是否按照法律规定缴纳相关税费，以评估其合规性和财务稳定性。

市场经营行为调查的结果可以帮助监管机构评估运输经营者的合规性，确保市场的公平竞争和消费者的权益保护。同时，企业和消费者也可以利用这些信息来选择可靠的运输经营者，保证其运输服务的质量和可靠性。此外，市场经营行为调查还有助于发现行业中存在的问题和改进的机会，促进行业的可持续发展和提升整体服务水平。

5. 市场竞争状况调查

（1）竞争对手总体情况的调查是指对运输经营者的数量、分布、经营状况、运营效率、运价水平、生产规模以及满足客户需求情况等进行详细的调查。通过了解竞争对手的整体情况，可以对市场的竞争格局和市场份额进行评估，从而更好地制定竞争策略和市场定位。

（2）竞争对手竞争能力的调查包括调查竞争对手的资产总量、企业规模、技术水平、技术装备水平、运输服务项目以及市场占有率等关键指标。通过评估竞争对手的竞争能力，可以了解其在市场上的地位和优势，并为自身的发展制定对策。

（3）竞争对手开设新的运输服务项目情况的调查旨在了解竞争对手开展新项目的发展方向、特点、进程以及所采取的措施等。通过对竞争对手新项目的调查和预测，可以及时掌握市场的变化趋势，为自身的产品或服务调整和创新提供参考。

（4）潜在竞争对手调查涉及对正在或准备开办运输及相关业务的经营者进行调查。通过了解潜在竞争对手的情况，可以预测未来市场竞争的可能性和潜在压力，并及时采取相应的措施，保持市场竞争优势。

以上调查内容有助于运输经营者全面了解竞争对手的情况，把握市场动态，制定有效的竞争策略，提高自身的市场竞争力。同时，这些调查结果也为市场监管机构提供了信息基础，有助于监管和维护市场的公平竞争环境。

二、道路运输质量与管理

（一）道路运输质量

"公路运输是国民经济具有先导性和基础性产业之一，随着市场经济的不断发展和完善，运输市场将不断深入发展。"[①] 要更好地适应市场，满足人民群众需要，提高道路运输的竞争力，就必须以道路运输的质量特性为着眼点和切入点。即从道路运输的安全性、完整性、及时性、方便性、经济性、服务性等方面进行改善，使其从道路运输市场的激烈竞争中脱颖而出。

1. 道路货物运输质量

道路货物运输质量是指货物从托运方地点交承运方起，至承运方将货物交收货单位签证止的承运责任期内，货物完好无损地快速运至收货方过程中的服务质量。

（1）安全性。货物安全是指货主从托运开始到收货为止，货物运输过程的各个环节，包括装卸、行车、码垛、堆存及保管等，必须保证不因操作不当、措施不力或对危险货物

---

① 　沈林兵. 浅析市场经济条件下的公路运输市场管理［J］. 甘肃科技，2012，28（10）：91.

处置不当而造成货物损毁；同时保证货运车辆运行过程中安全行驶。

在道路货物运输过程中，安全性是实现运输活动的必要条件，也是货物运输质量最基本、最起码的要求。道路货物运输的安全性可用下列指标来衡量：

第一，行车事故频率。即营运车辆在一定时期（年、季、月）内发生的运行事故次数与总行程之比。一般用"次／（百万车·km）"作为计算单位。计算公式为：

$$行车事故频率 = \frac{报告期营运车行车事故次数}{同期营运车总行程} \qquad (5-1)$$

第二，特大型车责任事故次数。凡一次造成死亡 3 人及以上，或重伤 11 人及以上，或死亡 1 人同时重伤 8 人及以上，或死亡 2 人同时重伤 5 人及以上，或直接经济损失 6 万元以上的重大事故，称为特大事故。责任≥50%即为特大行车责任事故，特大责任事故次数以案次为计算单位。

第三，行车责任事故直接经济损失率。报告期由于行车责任事故而直接经济损失的金额与总行程之比。一般用"元／（百万车·km）"作为计算单位。计算公式为：

$$行车事故直接经济损失率 = \frac{行年事故直接经济损失}{总行程} \qquad (5-2)$$

第四，安全行车间隔里程。报告期内两次行车事故之间的行驶里程，计算单位为"km"，这是反映营运车行车安全的指标。计算公式为：

$$安全行车间隔里程 = \frac{报告期营远总里程}{同期行车事故次数} \qquad (5-3)$$

第五，死亡人数。行车责任事故致死人数。因前三项指标能准确地反映行车事故造成旅客和行人死亡的情况，设此指标加以补充，以反映事故的严重程度。

第六，行车责任死亡频率。计算单位为"人／（百万车·km）"。计算公式为：

$$行车责任死亡频率 = \frac{报告期行车责任事故致死人数}{同期营送车总行程} \qquad (5-4)$$

以上公式中的事故次数均指"一般"及以上的责任事故。行车事故按损失情况分为小事故、一般事故、大事故和重大事故四类。

（2）完整性。道路货物运输服务质量的完整性，是指运输过程只使货物产生位移，而不造成货物数量减少、质量（包括物理、化学性质）变化的特性，即货物经过运输之后，要求在数量、结构、形状、外观、色彩、音响、气味、味道等方面，均与托运时一样，道路运输的完整性，可以用以下指标进行评价：

第一，货物质量事故频率。报告期货物质量事故次数与同期完成的货物周转量的比例，其计算单位用"次／（百万 t·km）"。计算公式为：

$$货运质量事故频率 = \frac{质量事故次数}{完成货物周转量} \tag{5-5}$$

第二，货损率。因企业责任而损坏（包括破损、湿损、污染、变质等）的货物件数（t）与承运货物总件数（t）之比，用"%"表示。计算公式为：

$$货损率 = \frac{货物损坏件数(t)}{同期货运总件数(t)} \times 100\% \tag{5-6}$$

第三，货差率。货物运输中因错装、错卸、错运、错交等差错称为货差。货差率可按运次计算（零担货物运输可按件数或吨数计算），即货差运次与同期总运次的比例，用"%"表示。

计算公式为：

$$货差率 = \frac{货差运次}{同期总运次} \times 100\% \tag{5-7}$$

第四，货运事故赔偿率。即报告期货运事故赔偿金额与同期货运总收入的比例，以"%"为计算单位。计算公式为：

$$货运事故赔偿率 = \frac{货运事故赔偿金额(元)}{同期货运总收入(万元)} \times 100\% \tag{5-8}$$

第五，装卸标准合格率。计算式为：

$$装卸标准合格率 = \frac{抽查合格车数}{抽查总车数} \times 100\% \tag{5-9}$$

（3）及时性。货物位移具有时间性，满足货主对货流时间和运输速度的要求，就是运输质量的及时性。及时性的基本要求是要按照合同、协议规定或企业对社会宣布的发车、运行和到达时间，将货物、旅客及时送达目的地，提供及时的运输服务。同时，尽最大努力使货物运输活动达到货主的满意程度。

运输服务质量的及时性主要包括三个方面："及时"——在货主需要的时刻提供运输服务；"准时"——按准确的时间为货主提供运输服务；"省时"——保证运输安全的前提下提高运送速度，以节省时间。

及时的货物运输保证了用户正常的生产消费的需要，可以缩短商品流通时间，加快社会再生产过程；可以减少货物在途积压，加强物资周转，节约流动资金。特别对一些紧急运输物资、重点工程物资能尽快运到目的地，对运其所急、运其所需具有重要意义。

第一，货运及时率。按货运合同规定期限，实际运送的货物吨（件）数与应运达的货物吨（件）数之比，用"%"表示。计算公式为：

$$货运及时率 = \frac{按规定期限远达的货物吨(件)数}{规定期限应运达的货物吨(件)数} \tag{5-10}$$

第二，货运合同履约率。报告期限履约合同票次数占全部合同票次数的比例，用"%"表示。

计算公式为：

$$货运合同履约率 = \frac{报告期履约合同需次数}{同期执行含同总需次数} \times 100\% \qquad (5-11)$$

每份运输合同不论其运量多少、所需运次多少，均为一次票次。执行某份运输合同时，开始若干运次都按合同规定期限完成，只有后面几个运次，或最后一个运次未按合同要求完成，仍算违约。

第三，货运超期天数。货物未按规定期限运达即为超期（违约）。超期天数按货票（合同）票次分别计算。

第四，货运超期率（平均超期天数）。计算公式为：

$$货运超期率 = \frac{货物超期吨(件) 天数}{同期货运总吨(件) 数} \qquad (5-12)$$

公式中，分子按超期货物吨（件）数乘超期天数计算。即一（吨）货物超期一天即为一个超期吨（件）天。按此公式计算的超期率，实质是表示每吨（件）货物平均超期天数。与前面的指标综合表示运输的及时性程度。货运及时率可反映超期货物的比重，不能反映超期时间的长短；超期天数可反映超期时间长短，不能反映超期货物多少；履约率指标只反映是否存在超期违约，不反映超期货物多少和超期天数。

（4）方便性。道路运输质量的方便性是指货运在托运、发货、收货、结算、保管以及装卸地点等，货主感到满意。运输的方便性，要求做到招之即来，来则能运，运则能达，托运手续简便，取货便利等。在运输方便性方面，道路运输有极大的优越性，它具有铁路和航空运输所无法相比的"门到门'直达运输。

我国道路建设的迅猛发展，特别是高等级公路和高速公路的发展和乡村道路的改善，使全国统一的道路运输市场逐步形成，配载中心、组货中心迅速发展，使道路运输的方便性大大提高。

（5）经济性。人们对运输产品的需求，不仅仅是考虑运输需要，同时还要考虑购买能力，即要考虑运输成本。但通常所说的道路货物运输的经济性有两层含义。

第一，对企业而言，运输企业必须追求自身的经济效益，降低成本，提高效率，并取得利润，求得企业的生存和发展。

第二，对用户而言，用户要求运输企业提供的运输服务，不但要安全、完整、及时、方便，而且费用方面要合理、合算。用户的要求即运输质量的经济特性，它要求道路运输企业要讲究社会效益，为用户提供经济的运输服务。

因各种商品价值的不同，货物属性的差异（体积、形状、危险性、腐蚀性等），运输距离长短不同，运输批量大小和批次多少，货主要求（如时限要求、紧急要求），运价的制定依据不同等，多种因素的综合考虑，难于直接准确计算某项指标的数值。因此，货物运输质量经济性的具体指标，尚待进一步研究。

（6）服务性。服务性是运输服务质量的综合表现。服务性一般包括满足用户物质和精神两方面的需求。

第一，货主物质需求。从货主的需求出发，使运输服务的项目、时间、设施、设备及运输线路安排等尽可能地满足货主，使其办理手续、费用结算方便；装卸点准确、交接无误，为货主提供最便利的条件。

第二，货主的精神需求。是指用良好的运输服务，满足货主的精神需求。文明服务是货物运输质量的主要特征之一，运输企业工作人员在接触货主时，要求除了遵守职业道德外，还要恪守用户至上的准则，还应具有较高素质，掌握熟练的服务技能，为货主提供优质服务。

综上所述，运输企业不仅要重视提高货物运输的产量指标（货运量、货物周转量），而且要大力提高货物运输质量，更好地满足运输要求。提高货物运输质量，满足社会运输需要；为企业赢得信誉，在各种运输方式竞争中发挥优势，得到发展，并有利于交通运输企业全面发展；充分发挥道路货物运输的中短途运输中的优势，提高其在整个运输行业中的地位。

2. 道路旅客运输质量

高速铁路发展、铁路提速、航空运输降价使本来已经是买方市场的旅客运输市场竞争更加激烈，要想在竞争中立于不败之地，就必须从运输质量上提高运输质量，使旅客安全、舒适、及时、经济、方便地到达目的地；有利于推动运输企业各方面工作的改进，提高企业的竞争力。

（1）道路旅客运输的安全性。由于旅客运输的特殊性，在运输过程中，必须要以安全为基础来开展运输活动。就旅客运输几种方式相比较而言，道路运输的安全性是比较差的。为了提高道路旅客运输的安全性，我们有必要了解它的衡量指标。旅客安全运输率，报告期内安全运送的旅客人次与同期客运总人次的比值，用"%"表示。计算公式为：

$$旅客安全运输率 = \frac{报告期客运总人次 - 旅客伤亡人次}{报告期客运总人次} \times 100\% \qquad (5-13)$$

其他的衡量指标，如货物运输安全性评价指标相同。

（2）舒适性。随着经济的发展，人民生活水平的提高，人们对旅行舒适性的要求也越来越高，要想吸引旅客，必须在舒适性上下功夫。具体讲包括软硬件两个方面的内容：

第一，在硬件方面，改进车辆设计，不断提高车辆档次；提高道路技术等级，使行驶平稳等；使旅客乘车时，身体感觉舒适。

第二，在软件方面，参与道路旅客运输的人、车、站一定要提高服务质量，做到主动热情、服务周到；认真推行旅客运输的"三优"工作，使旅客在乘车时得到身心愉悦。

（3）及时性。在道路旅客运输中，及时性含义是在旅客需要的时刻，按准确的时间提供运输服务，同时在保证运输安全的前提下，减少旅客在途时间。有利于旅客安排旅行计划，降低旅客的疲劳度，增加工作或休息时间。道路旅客运输的及时性可用下列指标衡量：

第一，客运正班率即报告期客运正班次与计划班次之比，用"%"表示。其计算公式为：

$$客运正班次 = \frac{报告期计划班次 - 缺班班次}{报告期计划班次} \times 100\% \tag{5-14}$$

式中：计划班次按公布的客运班次时刻表计算，客车按计划当班发车者为正班次；因车辆待修、待料或驾驶员、乘务员不服从调度安排，造成停班为缺班班次，因季节性变化客流量减少，有计划地调整减少的班次，不计入缺班班次，应从计划班次内减去；因自然灾害被迫停班，不计入缺班班次。

第二，客运班车正点率。指道路客运中按公布的客运班次时刻表正点始发班次与计划班次之比，用"%"表示。这一指标是客运工作组织各个方面工作质量的综合反映。其计算公式为：

$$客运班车正点率 = \frac{报告期正点始发班次}{报告期计划始发班次} \times 100\% \tag{5-15}$$

道路客运班车的到达时刻，受非客运组织工作方面的其他多种因素影响（例如，天气、路况、道路交通流量、桥梁、渡口和路口的通阻、途中旅客上下人次及行包装卸作业次数，等等），难以准确考核，因而只考核始发正点率，有条件时应综合考核始发与到达正点率。其计算公式为：

$$客运班车正点率 = \frac{正点始发班次 + 正点到达班次}{计划始发班次 + 计划到达班次} \times 100\% \tag{5-16}$$

第三，旅客正运率。报告期正运人次与发送总人次之比，用"%"表示。计算公式为：

$$旅客正运率 = \frac{报告期正运人次}{同期发送总人次} \times 100\% \tag{5-17}$$

道路旅客运输中，因运输企业责任造成的旅客误乘、漏乘人次称事故人次，其余为正运人次。

适度提高及时性，也是提高道路旅客运输竞争力不可缺少的手段。需要注意的是一定要"适度"，要根据道路条件、车辆状况、旅客感受等各方面因素综合考虑。

（4）服务性。道路旅客运输质量是指在一定的时间内和一定的环境条件下，客运服务工作使旅客满意的程度。它主要由服务态度、服务设施、服务环境、服务项目、服务行为、服务费收、服务业务和服务技术等构成。道路客运的优质服务则主要是客运服务工作的主动热情、和蔼周到、经济便利，并要求通过服务态度端正、服务设施完善、服务项目齐全、服务行为文明、服务费收合理、服务业务熟练等，让旅客感到温暖、愉快、亲切、称心和满意。

第一，旅客满意率。从服务效果方面考查道路运输企业的客观服务条件和主观服务态度使旅客感到满意的程度。可以用下述公式表示：

$$旅客满意率 = \frac{旅客满意项（条）数}{满意项（条）数 + 不满意项（条）数} \times 100\% \qquad (5-18)$$

式中满意或不满意项（条）数，可按企业的设施设备，车站及车况，服务项目及服务时间，办理旅客手续，运输线路与站点设置，其他便利条件以及服务态度等方面来设计问卷。

第二，旅客意见处理率（%）。旅客意见处理率可按下式计算：

$$旅客意见处理率 = \frac{已处理意见数}{旅客批评意见数} \times 100\% \qquad (5-19)$$

这是从工作质量方面考核的指标，对于旅客运输提出的批评意见，要认真处理，讲究实效，采取有力措施加以解决。

（5）经济性。经济性即运输质量的经济特性。道路旅客运输劳务同有形产品一样，也具有商品性。道路客运企业也要依据价值规律，通过市场形式有偿地提供运输服务。道路运输质量的经济特性是旅客整个旅行费用，要尽可能地降低运输过程中的物化劳动和活劳动消耗，以最合理的运价来实现旅客空间位移。其主要衡量指标有：

第一，客运运价执行率。即旅客运输按规定运价收费次数与收费总次数之比，其计算公式为：

$$客运运价执行率 = \frac{按规定运价收费次数}{总收费次数} \times 100\% \qquad (5-20)$$

第二，单位运输成本。即企业旅客运输工作量费用支出的指标，其计算公式为：

$$单位运输成本 = \frac{报告期运输总成本}{报告期换算周转量 + 1000}[元 / (kt \cdot km)] \qquad (5-21)$$

（6）方便性。道路旅客运输服务质量的方便性是指运行站点的选择、班次的时间安排，为旅客提供问讯、购票、行包托运、提取以及旅途食宿、沿途风景观光等方便条件。方便性是道路旅客运输与其他运输方式相比最具优势的特性。航空运输、铁路运输、水路运输都是线上运输，是两点间的运输，道路运输则是面上的运输。前三者特别是航空运输需要道路旅客运输为其集散旅客。只要很好地发挥这种优势，就能使道路旅客运输的市场占有率极大地提高。

（二）道路运输质量管理

1. 道路旅客运输行业质量管理要求

加强客运质量管理，向旅客提供优质服务，是客运服务的根本要求，也是客运服务宗旨的具体体现。道路运政机构应督促企业做到以下四点：

（1）加强客运行业的制度建设。建立健全岗位责任制和服务标准，实现以优质为核心的"三优"（优质服务、优美环境、优良秩序）、"三化"（服务过程程序化、服务管理规范化、服务质量标准化）目标管理，提高客运管理工作水平。确定客运工作的各岗位职责，严格操作规程，做好质量考核评比和监督检查工作。

（2）加强道路旅客运输基础设施建设。

第一，改造客运站场和改善站内服务设施，建立一、二、三、四级客运站网络，为旅客就近乘车、舒适候车、方便上下车提供优良环境。

第二，加快道路建设，提高道路技术等级，建设高速公路，保证并提高车辆行驶的速度、平顺性、舒适性及安全性等。

（3）加强道路旅客运输车辆的技术改造。

第一，对客运车辆要不断改进设计，提高工艺水平和技术性能，使客运车辆在振动、噪声和密封性方面有较大的改进，在技术、速度、平顺性和舒适性、安全可靠性等方面有较大的提高。

第二，调整车辆结构，合理配置大型、中型、小型、中高级客车，做到旅客乘车品种多样化。

第三，开发车速快、技术可靠、结构先进、内饰豪华的新型车辆并达到安全可靠的要求。

（4）加强道路旅客运输的组织和监督检查工作。

第一，调查并掌握旅客流量、流向、流时变化规律，接受旅客的合理意见，改进客运运行工作和服务工作。采用先进科学技术及管理方法，合理调度车辆，安排好客运线路、班次，实现旅客运输优质、高效的目的。

第二，加强对旅客运输质量、车辆技术结构运行行为、票据价格及各种运输设施的监督检查，发挥旅客的监督作用。

2. 道路货物运输行业质量管理要求

（1）建立健全货运质量管理的规章制度。进一步健全已制定的货运质量管理制度，使其形成更加全面的质量管理体系。认真贯彻执行交通运输部颁发的各项规章制度加强货运质量指标的考核，逐步实现货运质量管理的经常化、制度化、标准化、规范化和科学化。

第一，完善货运质量管理制度。在已有的货运质量管理制度的基础上进行进一步完善，确保其覆盖范围更广。这包括对货运过程中的各个环节进行规范和标准化，明确各方责任和义务，确保货运服务的安全、高效和可靠。

第二，贯彻执行交通运输部颁发的规章制度。认真贯彻执行交通运输部颁发的相关规章制度，包括对货运质量指标的考核和评估。这样可以监督和推动运输企业按照规章制度要求开展业务，确保货运质量的达标和提升。

第三，经常化、制度化、标准化、规范化。逐步实现货运质量管理的经常化、制度化、标准化、规范化。这意味着将货运质量管理纳入日常运营管理中，确保各项管理措施得到有效执行，并建立起一套科学的管理标准和流程，使货运质量得到规范化和提升。

第四，科学化的货运质量管理。通过引入科学化的方法和技术手段，提升货运质量管理水平。这包括运用先进的信息技术、物流管理系统和数据分析工具，实现对货运过程的监控、控制和优化，以提高运输效率、降低运输成本和提升服务质量。

（2）建立和完善货运质量保证体系。各级运政机构应采用必要的法律、经济和行政手段，督促企业建立和完善质量保证体系，建立和健全货运质量责任制，推动企业采用包括全面质量管理在内的先进管理技术和方法，保证货运质量。

第一，运政机构的监督和推动作用。各级运政机构应当采取必要的法律、经济和行政手段，对货运企业进行监督和指导，督促其建立和完善质量保证体系。这包括对企业的审批、监管、检查和评估等方面的工作，确保企业按照规定要求履行货运质量保证的责任。

第二，建立质量保证体系。货运企业应建立和完善质量保证体系，包括制定质量管理制度、流程和标准，并明确各级管理人员和员工的责任和义务。质量保证体系应涵盖货运全过程的各个环节，从货物接收、装卸、运输到交付，确保每个环节都符合质量要求。

第三，责任制的建立和健全。建立和健全货运质量责任制，明确各级管理人员和员工的责任分工和权限，确保每个岗位和个人都承担起货运质量保证的责任。这包括建立相应的考核机制，对货运质量的达标情况进行评估和奖惩，激励企业积极提升货运质量。

第四，先进管理技术和方法的应用。推动企业采用包括全面质量管理在内的先进管理技术和方法，提升货运质量保证水平。这包括应用质量管理工具、过程改进方法、数据分析和监控技术等，实现对货运过程的可视化、追踪和监控，及时发现和解决问题，提高运输效率和服务质量。

通过建立和完善货运质量保证体系，运政机构和货运企业可以共同推动货运质量的提升。这将有助于提高货运服务的可靠性、安全性和满意度，增强企业的竞争力，同时也有利于行业的规范化和健康发展。

（3）加强货运质量的监督检查。要对货运质量进行经常性地监督检查，加强货运质量保证制度的建设。通过经常性的质量监督，及时发现存在的问题，纠正违反质量管理规定的不正当行为，调整并提高运力结构水平。

第一，经常性监督检查的重要性。货运质量的监督检查应当具有经常性，即定期进行，并且应覆盖货运全过程的各个环节。经常性的监督检查有助于及时发现存在的问题和隐患，并采取相应的措施加以解决，从而确保货运质量的稳定和可靠性。

第二，货运质量保证制度的建设。加强货运质量监督检查需要建设健全的货运质量保证制度。这包括制定相关的监督检查规定、程序和标准，明确监督检查的内容、方法和要求。同时，还需要建立相应的监督检查机构和人员，确保监督检查的专业性和有效性。

第三，发现问题和违规行为的及时纠正。监督检查应当及时发现存在的问题和违反质量管理规定的不正当行为，并采取相应的纠正措施。这包括对违规行为的警告、罚款、吊销资质等，以及对问题进行整改和改进。通过及时纠正，可以有效地提高运输服务的质量水平。

第四，运力结构水平的调整和提高。通过经常性的监督检查，可以获取有关运力结构的信息，并进行分析评估。根据评估结果，可以调整运力结构，包括对运力的配置、优化和调整，以适应市场需求和提高运输效率。

通过加强货运质量的监督检查，可以发现和解决存在的问题，促进货运质量的持续改进。这将有助于提升货运服务的可靠性和安全性，提高客户满意度，同时也有利于行业的健康发展和市场竞争力的提升。

（4）加强对货运从业人员的教育和培训。

第一，定期进行思想政治、职业道德及质量观念教育，强化技术培训，以《道路货运职工守则》规范从业人员的行为。强化对危险货物运输从业人员的危险货物性质、性能、运输及操作规程等业务知识及国家有关危险货物运输的各项规定的教育。危险货运从业人员上岗必须持有危险货物培训合格证。

思想政治、职业道德及质量观念教育。定期进行思想政治、职业道德及质量观念教育是提高从业人员素质的重要途径。通过开展培训、讲座和学习活动，加强从业人员的思想政治教育，培养他们的职业道德和责任意识，提高对货运质量的重视和认识。

技术培训的强化。为提升从业人员的技术水平，应加强技术培训。培训内容可包括运输操作技能、车辆维护保养、安全驾驶、货物装卸技术等方面的知识和技能。通过定期培训和实践操作，使从业人员掌握专业知识和技能，提高工作效率和服务质量。

《道路货运职工守则》的规范执行。《道路货运职工守则》是规范从业人员行为的重要文件。应加强对守则的宣传和培训，使从业人员充分了解守则的内容和要求，并在工作中严格遵守守则的规定，确保从业行为合法、规范和道德。

危险货物运输从业人员的教育和培训。针对从事危险货物运输的从业人员，应加强相关知识和规定的教育。这包括危险货物的性质、特点、运输要求和操作规程等方面的培训。同时，危险货物运输从业人员必须持有危险货物培训合格证，确保其具备应对危险货物运输的知识和技能。

通过定期进行思想政治、职业道德及质量观念教育，强化技术培训，以及对危险货物运输从业人员的教育和培训，可以提高从业人员的素质和业务水平，保障货运服务的安全和质量。同时，这也有助于提升行业整体形象，增强从业人员的自我约束和职业认同感，促进行业的可持续发展。

第二，建立健全质量教育、考核、监督制度。树立货物运输从业人员的质量观念是提高货物运输质量的重要条件。

质量教育制度。制定相关政策和规定，要求货物运输从业人员接受质量教育。这包括提供培训课程、教材和学习资源，以便他们了解质量管理的重要性、质量要求和标准，并树立正确的质量观念。

质量考核制度。建立货物运输从业人员的质量考核机制，通过定期考核评估个人和团队的质量绩效。考核内容可以包括服务质量、工作流程遵守、客户满意度等方面。考核结果可以作为评价从业人员的质量水平和提供奖惩措施的依据。

质量监督制度。设立质量监督部门或机构，负责监督和检查货物运输从业人员的质量执行情况。监督可以包括现场检查、抽查和随机调查等方式，以确保从业人员严格遵守质量管理规定和标准，提供符合质量要求的货物运输服务。

质量奖惩机制。建立健全的质量奖惩机制，对表现优秀的从业人员给予奖励和荣誉，激励他们提供更高质量的货物运输服务。同时，对违反质量要求和标准的行为进行处罚，以促使从业人员自觉遵守质量管理规定。

通过建立健全的质量教育、考核和监督制度，并配以适当的奖惩机制，可以提高货物运输从业人员的质量意识和责任感。这将促使他们更加关注和重视货物运输质量，提升服务水平，更好地满足客户需求。

第六章　公路交通运输企业投资管理及经济发展

第一节　公路交通运输企业的投资决策

一、道路运输企业内部投资管理

（一）道路运输企业内部投资

1. 道路运输企业内部投资分类

道路运输企业内部投资，是指对企业内部运输生产经营所需要的各类资产的投资，其目的是为了保证运输生产经营活动的连续性、运输生产经营规模的扩大以及运输市场的不断延伸和拓展。

（1）道路运输企业的内部投资，从投资所形成的资产状态来分析，分为固定资产投资、流动资产投资以及无形资产投资等。

（2）从其与未来运输生产经营活动的关系来分析，道路运输企业的投资可分为维持性投资和扩大运输生产能力投资等。

第一，维持性投资主要是为维持企业运输生产正常经营，保持现有运输生产能力而投入的财产，一般包括更新性投资和均衡性投资，如运输车辆更新投资、客货运输场站改造投资以及其他通用设备、专用设备的更新投资等。这类投资一般不会改变企业的经营方向与市场领域，也不会较大地影响企业的前途。

第二，扩大运输生产能力投资。是企业为了扩大运输生产经营规模与客货运输服务市场占有率，增加生产能力或改变企业的运输生产经营方向，对企业今后的经营与发展有重大影响的各类投资，如购买新的营运车辆、新建客货运输场站、新建汽车维修检测站等其他与运输生产有关的多种经营项目投资等。这种投资与维持性投资相比，投资额大、投资回收期长、投资风险大、对财务影响大，并能在企业整个运输生产经营活动中发挥作用。

（3）按与运输生产的相关性分析，道路运输企业的投资又分为生产性投资和非生产性投资。道路运输企业的生产性投资主要包括以下方面：

第一，与维持企业现有运输生产经营有关的重置性投资，如更换已报废或已损坏的运输生产车辆与设备的投资等。

第二，与降低运输成本有关的重置性投资，如用能耗小、效率高的车辆更换可用但已陈旧的高能耗的运输车辆所做的投资。

第三，与扩大运输市场范围和扩大运输市场占有率相关的扩充性投资，如为增加客货运输周转量和扩大服务范围所做的投资。

第四，与新的运输服务方式或新的市场有关的扩充性投资，如为开辟高速公路客运或物流业所做的投资。

第五，与环境保护有关的强制性和非营利性投资，如为达到汽车尾气排放标准等所做的投资等。

由于道路运输生产和经营的特点，道路运输企业的投资重点是固定资产的投资。其固定资产投资涉及的主要是营运车辆的投资、客运站的投资以及货运站的投资等。为了有利于提高投资效益，就必须加强投资的可行性研究，进行投资项目的经济效益分析，以便做出正确的投资决策。

2. 道路运输企业内部投资的一般程序

投资是道路运输企业的一项重要的经济活动。在投资经济活动过程中，企业不能简单盲目从事，而应遵循一定的程序，认真进行投资机会与投资项目的调查研究，并采用科学的分析与决策方法，进行项目投资的经济效益评价。企业内部投资的一般程序如下：

（1）提出投资意向。道路运输企业要进行内部投资必须首先提出投资意向，然后才能进行下一个工作步骤。提出投资意向，就是要确定好资金投向，是进行运输车辆投资还是场站设施建设投资，是流动资产投资还是进行长期资产投资，是进行增加运输利润投资还是进行影响控制投资或是分散经营风险投资等，这些都必须在投资前首先要明确的。

（2）分析意向。找出一个或多个投资的方法或方案，提出意向之后，就要进行调查研究，搜集有关资料，分析和确定影响投资意向的有关因素。应以道路运输市场分析调查研究资料为依据，拟定一个或多个投资方案。作为道路运输企业的投资方案，必须要有明确的投资金额、筹资来源及筹资方式、投资需要的时间及资金到位时间、投资组织实施及安排、投资有效期间、投资地点和投资种类等相关因素。

（3）进行投资决策。投资决策是在对投资方案经济有效性做出评价之后进行的。要估计投资方案所引起的收入和成本，进行投资报酬的分析和风险分析，在进行经济评价的基础上对投资方案是否要采纳做出决定，或者对几个投资方案优劣做出选择。

（4）投资方案的实施。投资方案一旦被采纳，企业就应该按计划积极组织实施。作为道路运输企业的管理人员应按期足额筹集资金，保证企业投资的资金需要，认真执行投资预（决）算，力求做到以较少的投资成本取得较满意的投资经济效果。

（5）投资的再分析与评估。在投资的实施过程中，要经常性地检查对比事先的估计和分析与实际情况是否一致，不一致的影响大小、问题所在、如何处理以及原来做出的投资决策是否正确等。如果事先估计有偏差，投资实施过程中情况发生较大的变化而导致原来的投资决策错误，为了避免遭受更大的损失，就可以考虑停止该投资方案的继续实施。

3. 道路运输企业投资决策的一般程序

道路运输企业投资决策的程序通常包括五个步骤：①估算出投资方案的预期现金流量；②估计预期现金流量的风险；③确定资金成本的一般水平；④确定投资方案的收入现值；⑤通过收入现值与所需资本支出的比较，决定拒绝或确认投资方案。其中，估计投资项目的预期现金流量是投资决策的首要环节，也是最重要和最困难的步骤。

（二）道路运输企业项目投资的可行性研究

道路运输企业项目投资的可行性研究，是指对投资的备选项目在全面调查了解的基础上，就该投资项目的生产供给与市场需求的平衡性、技术先进性和经济有利性等进行研究，以确定项目投资是否可行。

道路运输企业项目投资可行性研究的基本内容包括以下三个方面：

1. 道路运输生产（服务）与运输市场平衡性研究

运输生产（服务）与运输市场平衡性研究是以运输市场研究为起点，充分发挥市场在资源配置中的决定性作用，确定企业运输生产经营规模、经营领域以及车辆投放的时间，根据运输市场需求确定本企业的投资供给是否满足要求。

（1）道路运输市场需求研究。主要研究当前及未来运输市场需求及变化趋势、运输市场竞争状况，主要内容是分析运输需求的普遍性、异质性、波动性和运输供给的差异性以及客货运输收入弹性和价格弹性等，以此来确定企业未来可以争取的运输市场占有份额。

（2）道路运输生产经营规模研究。根据企业未来可以争取的运输市场占有份额，考虑其他因素的影响综合确定企业的运输生产规模，企业将来可以实现的运输周转量和企业最大的运输服务能力，在此基础上再根据其他限制条件确定企业最适当的运输生产能力。

（3）运输经营领域研究。主要内容是要研究运输生产领域的经营、技术领域的经营、资金领域的经营和组织领域的经营等问题。运输经营领域研究的主要目的是确定企业未来的投资方向和经营重点领域。

（4）投资时机研究。运输市场状况瞬息万变，错过时机就是错失机会。企业必须选择好进入运输市场与某些经营领域加入竞争行列的时间，并确定好投资的时间和运营的时间等。

2. 技术先进性研究

技术先进性研究主要是研究企业应采用的资产设备，客货运输场站，营运车辆先进程度，应采用的生产工艺组织管理水平，应配备的相应的技术力量等。技术先进性研究的出发点是市场需求，是社会对运输服务品种、服务质量等的要求；而技术先进性研究的最终目的是为获得尽可能大的经济效益。一般来说，不同的设备、不同的营运车辆以及不同级别的客货运输场站，分别具有不同的生产成本和投资代价，也有着不同的经济效益。

3. 经济有利性研究

进行经济有利性研究，需要预测投资项目所带来的收益，需要对投资项目的经济效益进行分析，并需要对投资项目的风险进行估计。经济有利性研究是可行性研究的核心，运输供求研究、技术研究都是以经济有利为基础的。

二、道路运输企业营运车辆投资决策

（一）道路运输企业营运车辆更新投资决策

1. 运输车辆更新概述

营运车辆是道路运输企业最重要的物质和技术基础，是企业进行运输生产经营活动的重要劳动手段，也是影响道路运输企业和国民经济各项技术经济指标的重要因素。车辆更新是对技术上或经济上不宜继续使用的旧车辆的车辆更新、更换或用先进技术对原有车辆进行局部改造等经济活动。

营运车辆在使用和闲置过程中，都会随着车辆的逐渐磨损和使用使车辆原始价值降低，发生的磨损分为有形磨损和无形磨损。

有形磨损也称为实体磨损或物质磨损。运输车辆在使用中的有形磨损是第一类有形磨损，该类磨损主要是由于车辆零部件的磨损、振动、疲劳和腐蚀而产生的，通常表现为能耗上升、效率下降、动力性下降、故障增多、安全事故频繁等。它主要与使用时间、使用强度和道路条件等因素有关。运输车辆在闲置中的有形磨损是第二类有形磨损，该类磨损主要是由于自然环境的作用以及管理维护不善而造成的，通常表现为车辆锈蚀、零部件变质老化、轮胎老化等，主要与闲置时间和维护管理不善等因素有关。所以，营运车辆的有形磨损会伴随着车辆使用价值的降低、车辆生产率的下降及一系列营运费用的增加等。

营运车辆的无形磨损是由于技术进步引起的原有车辆技术上的陈旧与贬值，也称为精神磨损或经济磨损。它一般不是物理意义上的磨损，不表现为车辆实体的变化，而表现为车辆原始价值和使用价值的降低。无形磨损也分为两类：

（1）由于技术进步而使完成一定量的客货运输周转量的社会必要劳动耗费减少，运输成本降低，导致原有车辆价值降低，这种磨损的后果只是表现为老车辆的原始价值部分贬值，车辆本身的技术特性和功能即使用价值并未发生变化，故不会影响现有车辆的使用。

（2）由于技术进步，市场上出现了舒适性更好、性能更完善、运输效率更高、燃料消耗更低的新型运输车辆而使旧车辆在技术上相对陈旧落后，导致原有车辆相对贬值，但这种贬值是社会生产力发展的反映，这种磨损越大，表明社会技术进步越快，道路运输企业要维持正常和高效率的运输生产经营活动，就必须对车辆的磨损及时进行补偿。

第一，补偿分局部补偿和完全补偿。车辆修理是对有形磨损的局部补偿，对车辆的现代化改装则是对无形磨损的局部补偿；有形磨损和无形磨损的完全补偿是更新车辆。

第二，运输车辆的更新分为原型更新和新型更新。新型更新是目前运输车辆更新的主要方式和主流。道路运输车辆更新决策主要研究两个问题：①决定是否更新，即是继续使用旧车辆还是更新车辆；②要决定选择什么样的车辆来更新。实际上这两个问题往往是结合在一起来考虑的，如果目前市场上没有比现在的运输车辆更适用和适宜的车辆或车型，那么就继续使用旧车辆，因为旧的运输车辆总是可以通过修理继续使用的。所以，运输车辆更新决策实际就是继续使用旧车辆还是更新车辆的选择。

2. 运输车辆更新决策分析的基本原则

在对运输车辆更新进行经济分析与决策时，除了利用前述投资决策分析的一般原理外，还应遵循以下四个基本原则：

（1）不管是购置新车辆还是改造旧车辆，在其经济分析中一律只分析其费用。通常情况下，运输车辆更新或大修，一般其运输生产能力不变，其所产生的收益基本相同。如果真的运输生产能力发生了较大的变化，可以经过等同化处理，将生产能力的不同转化为费用的不同，所以运输车辆更新方案的评价，就是在相同收益情况下对其费用进行评价，是费用型方案的分析。通常使用的经济评价方法有：①年成本法；②现值费用法；③追加投资经济效果评价法等。

（2）不同车型的客货运输车辆，其运输服务的寿命不同，但对运输车辆进行更新分析时，分析期必须一致。在实际工作中，通常采用年成本法来进行方案比较。

（3）不考虑沉没成本的影响，通常运输车辆更新往往未到其折旧寿命期末，账面价值和转售价值之间存在着差额，故存在着沉没成本，即未收回的车辆原始价值。沉没成本是一种投资损失，是过去投资决策的失误，不应计入新车辆的费用中，但可以在企业盈利中加以扣除。

（4）旧车辆应以目前的变现价值为计算依据。

（二）道路运输车辆最佳更新时机决策分析

在道路运输企业中，部分营运车辆在其整个营运服务年限内，若没有更先进的同类车辆出现且不存在无形损耗的情况，当继续使用旧车辆不如购置新车辆经济时，就应及时进行更新。这即是原型更新问题的核心。当道路运输企业面临此类问题时，可以通过分析运输车辆的经济寿命来做出车辆更新决策。因此，运输车辆原型更新问题实质上是对车辆经济寿命进行分析和计算的问题。计算和决策运输车辆经济寿命的方法一般有以下两种：

1. 低劣化数值计算法

道路运输企业经营使用的运输车辆，一般都会随着行驶里程的不断增加而呈现出技术性能不断下降的发展态势，这种现象称为车辆的低劣化。

道路运输企业经营使用的运输车辆的总费用一般包括两个部分：①随着车辆行驶里程的变化而变化的折旧费用，即单位行程车辆的投资费用；②车辆的经营费用。其中经营费用又包括随车辆行驶里程变化的变动经营费用（燃料费、维修费、大修费等）和不随车辆行驶里程变化的固定经营费用（工资及职工福利费、企业管理费等）。

按照上述分析，车辆行驶里程为 L 时的单位里程经营费用就可表示为：

$$C_0 = C_1 + (L - 1)\lambda \tag{6-1}$$

式中：C_0——车辆行驶里程为 L 时的单位里程经营费用；

C_1——单位里程经营费用初始值；

λ——车辆单位行程低劣化增加值。

运输车辆总费用的计算表达式为：

$$C = D_L + C_0 \tag{6-2}$$

即：

$$C = \frac{K_d}{L} + C_1 + \frac{1}{L}[\lambda + 2\lambda + \cdots + (L - 1)\lambda] \tag{6-3}$$

$$C = \frac{K_d}{L} + C_1 + \frac{L - 1}{2}\lambda \tag{6-4}$$

式中：C——车辆单位行程的总费用；

D_L——运输车辆的折旧费；

K_d——运输车辆的折旧总额，其值等于车辆原值减净残值；

L——车辆折旧期内的行驶里程定额。

运输车辆在营运过程中，随着车辆行驶里程的增加，单位行程分摊的车辆费用（即折旧费用）是逐渐减少的，而车辆的单位经营费用却随着行驶里程的增加而变大。综合考虑这两方面的因素可以发现，随着车辆行驶里程的增加，车辆的单位里程总费用的变化呈现出先降低后上升的发展态势。所以，必然存在一个行驶里程能使车辆的单位里程总费用最小，这个行驶里程值就是车辆最经济的行驶里程，即车辆的经济寿命。

因为 K_d 为一常数，令 $\dfrac{\mathrm{d}_C}{\mathrm{d}_L} = 0$。

需要说明的是：上述公式是在不考虑资金时间价值的条件下，按照预定的假设条件计算车辆经济寿命里程的计算表达式。其中 λ 值是计算车辆经济寿命里程的关键，通常可以采用数理统计方法对运输车辆变动经营费用的数据进行回归分析，求得该值。

用车辆的行驶里程确定最佳更新时机，反映了车辆的真实使用强度，却未考虑车辆的运行条件和第二类有形磨损；如果用使用年限反映车辆的经济寿命，可以避免这个问题。用车辆的使用年限表示的车辆经济寿命年限的数学表达式为：

$$T = \frac{L}{L_p} \tag{6-5}$$

式中：T——车辆经济寿命年限；

L_p——车辆年平均行驶里程。

上述公式中的车辆年平均行驶里程可以用统计方法来确定，它与车辆的技术状况、车辆完好率、平均技术速度、道路条件和地区等使用条件有关。目前，我国运输车辆的年平均行驶里程约为 6 万千米。

2. 面值决策法

如果运输车辆的残值不能视为常数，而且车辆的运行成本不呈现线性的无规律增长，低劣化数值计算法就失去了前提条件，这时就可以根据道路运输企业的统计记录或者根据同类车型的统计资料以及车辆的实际运行情况的预测，用列表计算面值的方法来分析和决策运输车辆的经济寿命。面值决策法的计算公式为：

$$C_j = \frac{K_0 - S_j + \sum_{t=1}^{j} C_{0t}}{j} \tag{6-6}$$

式中：C_j——运输车辆使用第 j 年的年均总费用；

K_0——车辆原值；

S_j——车辆第 j 年的实际残值；

C_{0t}——车辆第 t 年的年运行成本。

（三）道路运输车辆更新的技术经济分析决策

道路运输车辆更新的经济评价，除确定车辆经济寿命及更新时机外，还应包括车辆投资的合理性和经济性研究。道路运输企业的运输车辆更新，经常会面临下列两种决策问题：

1. 运输车辆更新分析与决策

在科学技术和车辆技术迅速发展的今天，运输车辆的更新速度不断加快，在这种情况下，尽管旧的车辆还能继续营运，但是如果不及时更新，就必然会出现燃料消耗增加、运输生产效率下降、维修费用较高等诸多问题。因此，是继续使用旧车辆还是投资更新技术和效率更高的新车辆，实际上是每个道路运输企业都会经常遇到的决策问题。

对于此类决策问题，经常存在两种情况：①新车辆的使用年限与旧车辆的剩余使用年限不相同；②新车辆的使用年限与旧车辆的剩余使用年限相同。对于第一种情况，一般采用计算年营运成本的办法来进行分析决策；而对于第二种情况，一般可以采用现值法结合差量分析法来分析和决策，具体如下：

（1）新旧车辆使用年限不相同时的投资决策分析方法。该决策方法的基本思路是：运输车辆的年使用成本是与该资产相关的现金流出的年平均值。如果不考虑资金的时间价值，运输车辆的年使用成本就是未来使用年限内的现金流出总额与使用年限的比值；如果考虑资金的时间价值，运输车辆的年使用成本就是未来使用年限内现金流出总现值与年金现值系数的比值，即平均每年的现金流出。

第一，如果不考虑资金的时间价值，运输车辆的年使用成本的计算公式为：

$$年使用成本 = \frac{车辆未来使用年限的现金流出总额}{车辆使用年限} \tag{6-7}$$

第二，如果考虑资金的时间价值，运输车辆的年使用成本的计算公式为：

$$年使用成本 = \frac{车辆未来使用年限的现金流出总现值}{年金现值系数} \tag{6-8}$$

在考虑资金时间价值的情况下，运输车辆的年使用成本有三种不同的计算方法：

第一种方式：先计算出现金流出的总现值，然后分摊到每年。其计算表达式为：

$$UAC = \frac{I + \sum_{j=1}^{n} C_j \times P/A,\ i,\ j - S_v \times P/F,\ i,\ n}{P/A,\ i,\ n} \qquad (6-9)$$

式中：UAC——年均使用成本；

I——原始投资（或车辆的变现价值）；

S_v——车辆的期末残值；

C_j——车辆第 y 年的营运费用；

P/A，i，n——年金现值系数；

P/F，i，n——一次支付现值系数。

第二种方式：如果运输车辆的年营运费用相等，将投资和残值摊销到每年然后求和即可求得。其计算表达式为：

$$UAC = 投资摊销 + 年运行费用 - 残值摊销 \qquad (6-10)$$

即：

$$UAC = \frac{I}{P/A,\ i,\ n} + C - \frac{S_v \times P/F,\ i,\ n}{P/A,\ i,\ n} \qquad (6-11)$$

第三种方式：将残值在原始投资中扣除，视同每年承担的相应利息，然后与净投资摊销额及车辆年营运费用合计，即可求得。其计算表达式为：

$$UAC = \frac{I - S_v}{P/A,\ i,\ n} + C + S_v \times i \qquad (6-12)$$

（2）新旧车辆使用年限相同时投资决策分析方法。一般是采用现值法结合差量分析法来分析和决策旧车辆是否有利。

2. 道路运输企业租赁或购买营运车辆决策分析

道路运输企业扩充设备或营运车辆，其目的是为了利用这些车辆来进行运输生产经营，从这个角度来讲，车辆是否自有并不重要，重要的是有适合的运输车辆可以使用。所以，道路运输企业在购置营运车辆的同时，还应考虑利用租赁来获取车辆使用权的可能性。一个道路运输企业若期望获得某种车辆的使用权，并附带地要获得所有权，除购置该营运车辆外，还可以通过租赁方式获得该车辆。因此，租赁或购买营运车辆决策实际上就变成了一种企业的筹资决策。因为不管企业是租赁车辆还是举债购买车辆，企业必然会由于获得该车辆而产生一笔固定的"还债义务"，这笔义务必须在未来某个时期内清偿。因此，租赁决策问题就成为衡量租赁与举债购买这两种筹资方式的相对得失问题。要比较分析租赁与举债购买两者之间的优劣，就必须借助于两者的现金流量及其模式，依据相应的资金成本，分别计算两者现金流量的现值，并据此进行比较分析。

一般来说，购置车辆的使用成本，主要包括车辆折旧费、燃料消耗费、车辆保修费、车辆大修费、轮胎磨损费、直接人丁费、变动间接制造费用以及车辆投资利息费等。租赁车辆的使用成本，要视租赁的性质而定。对于经营性的租赁成本，主要包括除经营租金外的燃料消耗费、直接人工费、变动间接制造费用等。对于融资性的租赁成本，主要包括除每年的租金外的车辆折旧费、燃料消耗费、车辆保修费、车辆大修费、轮胎磨损费、直接人工费、变动间接制造费用等。融资性租赁实际是属于分期付款购买固定资产的筹资方式。

对道路运输企业是租赁还是购买营运车辆的决策问题进行分析时，在车辆技术性能基本相同的情况下，通常是将购置车辆和租赁车辆的使用成本进行比较和分析。

第二节　公路交通运输企业投资项目的经济评价

一、资金的时间价值和等值计算

（一）资金的时间价值

在投资决策中，资金的时间价值扮演着重要的角色。"资金的时间价值是指资金在运动中，由于时间因素而形成的差额价值。企业在经营过程中是否注重资金的时间价值其决策大不相同，最终对企业效益的影响也是两种完全不同的结果。"[①] 时间价值是建立在资金在不同时间点的使用能力和潜在增值能力之上的概念。它指的是资金能够通过投资获得利息或回报，从而增加其价值。由于资金具有这样的潜力，未来的一笔资金相对于现在的一笔资金而言，其价值会降低。

考虑资金的时间价值对于准确评估投资项目的经济效益至关重要。在决策过程中，投资者需要将未来的现金流折算回当前价值，以反映出不同时间点的资金价值差异。这涉及使用合适的贴现率来对未来现金流进行折现，以衡量其相对于当前时间的真实价值。通过这种折现的方式，我们可以比较不同投资项目之间的经济效益，从而做出更准确的决策。

考虑资金的时间价值还有助于管理风险。由于未来的现金流存在不确定性，将其折算为当前价值可以提供更全面的风险评估。投资者可以通过分析不同的现金流情景和潜在的

---

① 李立宏，赵玉莲. 注重资金的时间价值抓住商机 [J]. 商场现代化，2009（6）：101.

风险因素，来对投资项目进行风险管理和决策制定。

此外，资金的时间价值还对资本预算和财务规划具有重要意义。在进行长期投资决策时，必须考虑资金的时间价值，以确保资金的最佳利用和最大化投资回报。通过综合考虑投资项目的现金流量、预期回报率和时间因素，可以制订出更有效的资本预算计划和财务战略。

（二）等值计算

等值计算是一种用于比较不同时间点资金价值的方法，通过对不同时点的资金流量进行折现或复利计算，将其转化为相同时间点的等值。这种计算方法在评估投资项目的经济效益时非常常见。主要的等值计算方法包括净现值法、内部收益率法和偿还期法。

1. 净现值法

净现值法是一种常用的等值计算方法，它通过计算项目现金流入和现金流出之间的差额，并将其折现到项目开始时的现值，以评估项目的经济效益。具体而言，净现值法将未来的现金流量按照合适的贴现率折算到当前值，然后将所有现金流量的现值相加，得到项目的净现值。如果净现值为正，则意味着项目产生的现金流量超过了投资成本，该项目可能是一个有利可图的投资选择。

2. 内部收益率法

内部收益率法是另一种常用的等值计算方法，它计算使项目净现值为零的折现率，即项目的内部收益率。内部收益率表示项目所能达到的年化收益率，当内部收益率大于预期的资本成本时，该项目可能是一个具有吸引力的投资选项。

3. 偿还期法

偿还期法是一种简单的等值计算方法，它计算项目从投资开始到回收全部投资成本所需的时间。通过将项目的投资成本与每年或每期的现金流入进行比较，可以确定项目的偿还期。较短的偿还期意味着项目能够更快地回收投资成本，并具有较高的资金回收效率。

二、经济效果评价指标

在对投资项目进行经济评价时，需要使用一系列经济效果评价指标来评估项目的效益和可行性。常用的经济效果评价指标包括净现值（NPV）、内部收益率（IRR）、投资回收期和利润率等。

（一）净现值

净现值是评估项目经济效益最常用的指标之一。它通过计算项目的现金流入和现金流出之间的差额，并将其折现到项目开始时的现值，来评估项目的净效益。净现值的正负是衡量项目是否具有经济效益的关键指标。

具体而言，净现值的计算涉及以下三个步骤：

第一，将项目未来的现金流入和现金流出进行估算。这些现金流包括预期的收入、支出、投资和回报等。

第二，将这些未来的现金流通过折现率进行折现，将其转化为项目开始时的现值。折现率通常是基于项目的风险和预期收益率确定的。

第三，将所有现值相加，得到项目的净现值。如果净现值为正数，则表示项目的现金流入超过了现金流出，项目具有经济效益。相反，如果净现值为负数，则意味着项目的现金流出超过了现金流入，项目可能不具有经济效益。

净现值的正负可以为决策者提供重要的信息，帮助他们评估项目的可行性和价值。正的净现值意味着项目有望产生盈利，可能值得投资。而负的净现值则提示项目可能亏损，需要进一步评估和调整。此外，净现值还可以用于比较不同项目之间的经济效益，决策者可以选择具有最高净现值的项目来实现最大化的经济回报。

净现值是一项重要的财务指标，用于评估项目的经济效益。它考虑了项目的现金流量和时间价值，帮助决策者做出明智的投资决策，并实现经济利益的最大化。

（二）内部收益率

内部收益率是指使项目的净现值等于零的折现率。它是用来衡量项目的收益率水平，即项目所能够创造的内部收益率。内部收益率常常被用作项目评估和比较的重要指标。

内部收益率的计算方法是通过试错法来确定能使项目的净现值为零的折现率。具体而言，首先估算项目未来的现金流入和现金流出，然后不断尝试不同的折现率，直到找到一个折现率，使项目的净现值等于零。这个折现率就是项目的内部收益率。

通常情况下，如果一个项目的内部收益率高于其机会成本（折现率），则该项目是可行的。机会成本是指投资者放弃该项目而选择其他投资机会所需的最低收益率。如果项目的内部收益率高于机会成本，意味着该项目能够产生超过其他投资机会的收益，具有吸引力和经济可行性。反之，如果项目的内部收益率低于机会成本，可能表示项目的收益不足以抵消投资风险和机会成本，需要重新评估或放弃该项目。

内部收益率在项目选择和资本预算决策中起着重要作用。它可以帮助决策者比较不同项目的潜在收益率，并选择具有较高内部收益率的项目。通过考虑时间价值和现金流量的影响，内部收益率提供了一种综合的方法来评估投资项目的可行性和回报水平。

内部收益率是一个重要的指标，用于衡量项目的收益率水平和可行性。通过比较项目的内部收益率与机会成本，决策者可以做出更明智的投资决策，选择具有较高回报潜力的项目，实现资本的最优利用。

（三）投资回收期

投资回收期是指项目从投资开始到回收全部投资成本所需要的时间。它是用来评估投资回报速度和风险的一个重要指标。投资回收期短表示投资能够更快地回收，通常被认为是较好的。

投资回收期的计算方法很简单，就是将项目的投资成本除以每年的净现金流量，以确定需要多少年时间才能回收全部投资成本。净现金流量是指扣除项目支出后的现金流入。

较短的投资回收期通常被认为是较好的，有几个原因支持这个观点。首先，较短的回收期意味着投资能够更快地开始产生盈利。这有助于降低项目的风险，提供更快的资金回笼，以便用于其他投资或再投资。其次，较短的回收期可以减少投资的暴露时间，降低市场波动和不确定性对投资的影响。此外，较短的回收期还可以提高投资的流动性和灵活性，使投资者能够更快地回收资金并进行其他投资。

总之，投资回收期是一个简单而直观的指标，用于评估投资回报速度和风险。较短的投资回收期通常被认为是较好的，因为它表示投资能够更快地回收，降低风险并提供更快的资金回笼。然而，决策者在使用投资回收期时应注意其局限性，并综合考虑其他指标和因素，以做出全面和准确的投资决策。

（四）利润率

利润率是一个关键的财务指标，用于评估项目的盈利能力和经济效益。它通过计算项目的净利润与投资成本的比例来衡量。具体而言，利润率可以表示为净利润除以投资成本的百分比。

利润率的高低直接反映了项目创造的净利润相对于投资成本的比例。当利润率较高时，意味着项目创造的净利润相对较多，投资回报率较高。这通常被视为一个积极的信号，表示项目具有较好的盈利潜力和经济效益。高利润率意味着项目能够更快地回收投资成本并实现盈利。

然而，利润率的解释和评估应综合考虑其他因素。利润率只是一个静态指标，无法提供关于项目未来盈利能力和可持续性的完整信息。其他因素如市场竞争、经济环境、成本结构、市场需求等都可能对项目的利润率产生影响。因此，利润率应与其他指标如净现值、内部收益率等一起综合分析，以全面评估项目的经济效益和回报水平。

此外，利润率的高低还与行业和市场的标准进行比较。不同行业的利润率水平可能存在差异，因此，评估利润率时需要考虑行业特点和竞争环境。对于投资者和决策者而言，重要的是将利润率与行业标杆或类似项目进行比较，以获得更准确的判断。

综上所述，利润率是评估项目盈利能力和经济效益的重要指标。较高的利润率表示项目创造的净利润相对较多，但仍需考虑其他因素的综合影响和与行业标准的比较。利润率的分析可辅助决策者评估项目的财务可行性和潜在回报，并为投资决策提供有价值的信息。

三、经济费用效益评价

经济费用效益评价是一种用于评估投资项目的经济效益与费用之间关系的方法。在这种评价中，将项目的经济效益与实施项目所需的费用进行比较，以确定项目是否具有经济可行性。

经济费用效益评价的目标是量化和比较项目的成本和效益，以便帮助决策者做出明智的投资决策。在进行评价时，首先需要确定项目的预期经济效益，包括直接的收入增加、成本减少、资源节约等。然后，对实施项目所需的费用进行综合考虑，包括投资成本、运营成本、维护成本等。

通过将经济效益与费用进行比较，可以计算出一些常用的评价指标，例如净现值、内部收益率、投资回收期等。这些指标能够帮助决策者综合考虑项目的经济效益和费用，并对项目的经济可行性进行评估。如果项目的经济效益超过了实施项目所需的费用，即评价指标为正数或满足特定的经济指标要求，那么该项目通常被认为是经济可行的。

经济费用效益评价是一种定量的方法，能够提供决策者对项目的经济效益和风险的清晰认识。然而，需要注意的是，这种评价方法并不包括所有项目的非经济因素，如环境影响、社会效益等。因此，在做出最终的决策时，还应综合考虑这些非经济因素，以实现可持续发展和社会责任的目标。

总而言之，经济费用效益评价是一种常用的方法，用于评估投资项目的经济效益与费用之间的关系。通过综合考虑项目的经济效益和费用，并使用相关的评价指标，决策者可以更准确地评估项目的经济可行性，从而做出明智的投资决策。

在经济费用效益评价中，需要对项目的成本和效益进行全面的分析。成本方面包括直接成本和间接成本，如投资费用、运营费用和维护费用等。效益方面包括直接效益和间接效益，如产出增加所带来的收入增加和社会效益等。

（一）项目成本

在项目成本方面，直接成本通常是指与项目实施直接相关的费用，如设备购置费、人力资源成本等。间接成本则是与项目实施相关但不直接可量化的费用，如管理费用、培训费用等。对成本进行全面的分析有助于确定项目投资的规模和结构，以及项目运营和维护的费用预算。

（二）项目效益

在项目效益方面，直接效益是指直接与项目实施相关的收益，如产品销售增加带来的收入增加、成本节约所带来的利润增加等。间接效益是指项目实施对其他方面产生的影响，如社会效益、环境效益等。这些效益可以是经济上可量化的，也可以是非经济的，例如提高生活质量、环境保护等。

对成本和效益进行全面的分析是经济费用效益评价的核心内容。通过综合考虑直接成本、间接成本、直接效益和间接效益，可以准确评估项目的经济可行性和回报水平。例如，对于一个制造业项目，需要考虑设备投资成本、原材料成本、人力资源成本等直接成本，以及产量增加所带来的销售收入增加、生产效率提升所带来的成本节约等直接效益。

（三）社会效益和环境效益

对于一些公共项目或社会项目，如基础设施建设、环境保护项目等，还需要考虑社会效益和环境效益。社会效益可以包括提高就业率、改善交通流通、促进经济增长等方面的影响。环境效益可以包括减少污染、提高资源利用效率等方面的影响。

综上所述，在经济费用效益评价中，全面分析项目的成本和效益是必要的。通过综合考虑直接成本、间接成本、直接效益和间接效益，可以全面评估项目的经济可行性和回报水平，为决策者提供有价值的信息。这样的分析可以帮助决策者更准确地评估项目的潜在风险和回报，并做出明智的决策。

（四）财务评价

财务评价是对投资项目进行财务可行性分析的过程。在财务评价中，会关注项目的财务指标和财务报表，以评估项目的盈利能力和偿债能力。

常用的财务指标包括利润和损益表、资产负债表和现金流量表等。利润和损益表反映了项目的盈利情况，资产负债表反映了项目的资产和负债状况，现金流量表反映了项目的现金流入和流出情况。

通过对这些财务指标进行分析，可以评估项目的盈利能力、偿债能力和现金流情况。这有助于判断项目是否能够满足资金需求、盈利能力是否稳定，并评估项目的财务风险。

总结起来，投资项目的经济评价涉及资金的时间价值和等值计算、经济效果评价指标、经济费用效益评价和财务评价。这些评价方法和指标可以帮助决策者评估项目的经济效益、可行性和财务可行性，从而做出明智的投资决策。

第三节　公路交通运输企业的经济效益

在市场经济下，由于道路运输企业把利润最大化作为其主要目标之一，所以企业经济效益情况集中反映在增加收入、降低成本及社会效益等方面。

一、资金利税率

资金利税率是企业实现的利润和税金与全部占用资金之比，这是一个综合性的经济效益指标，它反映了企业资金使用总的效益水平，表明企业投入一元钱能获得多少利润。其计算公式为：

$$资金利税率 = \frac{实现利润 + 税金}{全部资金平均占用额} \times 100\% \tag{6-13}$$

式中：全部资金平均占用额=固定资产平均净值+流动资产平均总值。

二、人均实现利税

人均实现利税是企业在一定时期内平均每一个员工实现的利税息额，反映企业员工为国家、企业和自己创造的经济效益。其计算公式为：

$$人均实现利税 = \frac{实现利润 + 税金}{全部员工平均人数} \tag{6-14}$$

三、全员劳动生产率

全员劳动生产率是指企业在考查期间平均每一个员工完成的客、货换算周转量或营运收入，其计算公式为：

$$全员劳动生产率 = \frac{客、货车换算周转量（营运总收入）}{全部员工平均人数} \qquad (6-15)$$

四、车吨（座）产量

车吨（座）产量是指企业在考查期平均每台营运车辆完成的客、货车换算周转 M，一般按主车和挂车完成的客、货车换算周转量分别计算。其计算公式为：

$$车吨（座）产量 = \frac{主、挂车换算周转量合计}{主车平均总吨（座）位} \qquad (6-16)$$

五、车吨（座）利润额

车吨（座）利润额是指企业在考查期内营运车辆平均每个吨（座）位产出的利润额。其计算公式为：

$$车吨（座）利润额 = \frac{利润总额}{营运车辆平均吨（座）位} \qquad (6-17)$$

以上 5 个增加收入方面的经济效益指标可直接体现劳动成果的大小，其数值越大，经济效益越好。当然，对于具有效率指标属性的指标，如全员劳动生产率、车吨（座）产量等，还应结合其他经济效益指标进行分析和运用。

第四节　低碳经济下公路运输企业循环经济评价与发展

我国经济在发展的过程中，自然资源和生态环境承载能力的压力越来越大，发展循环经济是实现环境与社会经济发展相协调的最有效途径。交通运输业作为促进国民经济发展的重要支撑，发展循环经济、走可持续发展的道路符合科学发展观的理念，是发展交通运输业的最佳选择。道路运输企业作为发展交通循环经济的微观主体，对于推进发展交通循环经济责任重大。然而，道路运输企业发展循环经济还有许多问题需要探讨。

一、道路运输企业循环经济评价

层次结构数据包络分析法、模糊综合评价法、专家评价方法、人工神经网络评价法、灰色综合评价法以及几种方法的混合应用等。道路运输企业循环经济涉及的因素具有层次性，在判断过程中，各因素难于准确计量，需要专家定性判断。因此，运用层次分析法来对道路运输企业循环经济的发展进行评价是最优选择。

（一） 道路运输企业循环经济评价目标

道路运输企业循环经济是循环经济在微观层面上的实践活动，是企业内部循环经济的实现形式，其关键在于使"追求利润最大化"的企业目标和"资源利用效率最大化及废弃物资源化"的社会目标相契合。对道路运输企业循环经济的评价是交通运输业发展循环经济的重要基础。因此，通过对道路运输企业循环经济的评价，应该能达到以下目标：

第一，对道路运输企业发展循环经济的现状进行评价。通过对道路运输企业循环经济的评价来反映道路运输企业发展循环经济的状况，判断其发展水平、有利因素与不利因素，为同行业或其他行业企业发展循环经济提供参考。

第二，监测道路运输企业发展循环经济的状态及变化趋势。通过一段时间连续的对道路运输企业循环经济评价数据的分析整理，全面反映道路运输企业发展循环经济后，企业各个方面的变化趋势。

第三，为道路运输企业提供优化管理决策的依据。根据道路运输企业循环经济评价的结果，综合企业各方面的因素，运用 SWOT 等决策原理来为企业更好地发展提供有力的依据。[①] 使企业认识到发展循环经济不仅对社会有益，更会给企业的发展带来更好的效益，成为提高企业竞争力，在激烈市场竞争中生存并发展的有力武器。

（二） 指标体系层次结构构建

虽然道路运输企业循环经济评价具有其特殊性，但建立评价指标体系时仍应该以循环经济的基本内涵和设计原则为基点。因此，本文根据循环经济的思想，按照道路运输企业发展循环经济的机理，将循环经济发展水平作为目标层；根据循环经济的基本原则，将减量化指标和再利用及资源化指标作为一级子目标。同时，由于道路运输企业使用清洁燃料车辆后，可实现"无害化"的生产，因此，另设"无害化"指标作为一级子目标之一；一级子目标下分别设有具体指标，即指标层，包括单位周转量固定资产、单位周转量占地面积、单位周转量直接生产资源、单位周转量辅助生产资源、废旧资源再利用率、单位周

---

① 所谓 SWOT 分析，即基于内外部竞争环境和竞争条件下的态势分析，就是将与研究对象密切相关的各种主要内部优势、劣势和外部的机会和威胁等，通过调查列举出来，并依照矩阵形式排列，然后用系统分析的思想，把各种因素相互匹配起来加以分析，从中得出一系列相应的结论，而结论通常带有一定的决策性。S（strengths）是优势、W（weaknesses）是劣势、O（opportunities）是机会、T（threats）是威胁。按照企业竞争战略的完整概念，战略应是一个企业"能够做的"（即组织的强项和弱项）和"可能做的"（即环境的机会和威胁）之间的有机组合。

转量能源消耗等。

二、评价指标计算

（一）减量化指标

道路运输企业循环经济评价过程中的减量化指标是指道路运输企业生产过程中所消耗资源的产值，包括单位周转量固定资产、单位周转量占地面积、单位周转量直接生产资源、单位周转量辅助生产资源、单位周转量能源消耗。理论上各指标数值越小，企业发展循环经济的效果应该越好。具体计算如下：

第一，单位周转量固定资产＝固定资产总额/周转量；其中，固定资产以企业财务报表中固定资产科目所列资产总值计。

第二，单位周转量占地面积＝企业占地总面积/周转量；其中，占地面积为企业占用土地面积总和。

第三，单位周转量直接生产资源＝直接生产资源总量/周转量；其中，直接生产资源包括汽车、轮胎等。

第四，单位周转量辅助生产资源＝辅助生产资源总量/周转量；其中，辅助生产资源包括维修、安检、清洁设备等。

第五，单位周转量能源消耗＝能源消耗总值/周转量；其中，能源包括燃料、电等能源。

（二）再利用及资源化指标

道路运输企业循环经济评价过程中的再利用指标主要指体现道路运输企业生产过程中延长资源的使用寿命和使用时效，使资源的使用效率达到最高的指标。包括：直接生产资源利用率、辅助生产资源利用率；道路运输企业的资源化指标主要是指企业在生产过程中，陈旧、落后生产资源的再利用程度。如客运企业的陈旧客车可以用作员工班车等其他用途。资源化指标主要有：废旧资源再利用率。具体计算如下：

第一，直接生产资源利用率＝已用直接生产资源/直接生产资源总量。

第二，辅助生产资源利用率＝已用辅助生产资源/辅助生产资源总量。

第三，废旧资源再利用率＝再利用资源/废旧资源总量。

三、道路运输企业发展循环经济的对策

进行道路运输企业循环经济评价的目的是为了更好地发展循环经济，随着我国经济的

不断发展以及推动发展循环经济措施的不断出台，发展循环经济已成为道路运输企业管理的重点内容之一，是道路运输企业有效发展正外部性，在同行业展开竞争的重要手段。结合发展循环经济的原理，道路运输企业可从以下方面来发展循环经济：

第一，在企业基础设施建设方面，应本着节约土地，实用高效的原则，不盲目追求高标准、高指标，避免重复建设，注重企业资源的合理分配，提高资源的使用时间和使用时效，提高资源的有效利用率。同时，企业基础设施建设也应注重经济效用，在发展循环经济的同时保证企业的投资有所收益。对于可以通过改造用作其他用途的基础设施可以将其投入其他用途来将这种基础设施资源化。

第二，在车辆的选择和实际使用方面，应该选择节能环保的车辆，并配备汽车尾气的催化转化装置，使用过滤装置以减少尾气污染。同时，为了节约能源，减少能源的使用量，尽量使用清洁燃料车，提高燃料的利用率。企业在车型选用上，在满足市场需求的同时，应尽量选用大型运输车辆，增加车辆用作其他用途，提高车辆的利用率和使用年限。

第三，在企业经营管理方面，应改变旧有的发展理念，将发展循环经济作为重点。发展循环经济要求有新的技术，新的科技产品投入市场，道路运输企业应时刻关注新技术的发展，注意新技术的引进和使用。同时，道路运输企业在运营过程中应认真做好统计预测工作，对未来的市场做出较准确的预期，并进行成本管理，包括运输车辆使用成本、能源使用成本、办公设备使用成本、清洗清洁设备使用成本等等。道路运输企业在经营过程中，也可根据企业的优势展开多种经营，注重资源的合理利用，如清洗清洁维修设备可以来对社会车辆开放，增加企业收入，提高设备使用效率。

第四，在信息技术应用方面，应提高企业信息平台的综合能力和信息共享水平与服务能力，进行企业资源计划建设，合理调配企业资源，节约人力物力。增加运输车辆的可视化管理技术、智能技术、集成化管理技术的应用，提高客货运输的效率与安全性，以此来延长运输资源的使用寿命。

第五，道路运输企业在生产经营过程中，可以学习借鉴一些新的生产经营理念和模式，如对运输车辆使用方面，注重合理利用运输车辆的经济耗油区，有效利用运输车辆的经济寿命降低企业生产成本，对于超过经济寿命的运输车辆，可以采用将车辆用作其他用途或与汽车生产进行有效沟通进行以旧换新等方式来提高车辆的回收利用率。

第七章 公路交通运输行业的经济发展探索

第一节 城市公交市场的经济学发展

一、城市公共交通的经济属性

"随着我国城市化进程的不断加速，交通问题也逐渐凸显，因此，城市公共交通标识导向系统的建设逐渐成为城市规划和建设的重要方面。"[①] 经济学公共物品理论将全部社会物品分为三类：私人物品、公共物品和准公共物品。大城市公共交通兼具了公共物品和私人物品的属性。

一方面，虽然每一个社会成员都可以使用公交系统，公共交通似乎并不排他。但现实中，目前在技术上和经济上已经可以实现有效排他。简而言之，大城市的公共交通系统已经初步具备了排他的条件。另一方面，人们对城市公共交通的使用会影响其他人对公交物品的消费。例如，在工作日的高峰期或高峰线路上，当公交车辆满载甚至超载时，存在较高的边际拥挤成本。除此之外，出于道义，老年人等弱势群体享有公交座位使用的优先权。简而言之，城市公共交通在大部分时空中亦具备"竞争性"。

综上所述，不应因为公共交通的名称含有"公共"两字而认定其就属于"公共物品"。实际上，在大城市客流密集的地块或交通走廊，城市公交更接近于经济学中的"准公共物品"，甚至"私人物品"，可以由自由市场中的企业提供服务。在客流较为稀少的平峰/低峰时段或城市地块，城市公交更接近于经济学中的"公共物品"，更需要由政府保障企业不愿提供的"普遍服务"。

二、城市差异化公交服务模式发展的必要性

差异化公共交通服务模式，对于中国大城市来说是一种创新。广义上是指服务水平与

---

① 王玥. 探讨分析我国城市公共交通环境中的标识导向系统设计［J］. 人民公交，2023（05）：79.

服务费用的差异化，类似于高铁动车与普通列车的高票价提供高水平服务，低票价提供一般服务；狭义上是指短距离费率高以及长距离费率逐渐降低的差异化定价结构。

（一） 符合资源使用的效率原则

差异化公共交通服务模式，符合社会资源使用的效率原则。从经济学的角度来看，公交价格不仅仅是一种负担，更是同时引导消费者和供给者的有效信号，是一种资源调节方式。为了实现资源的有效利用，价格应该等于所提供产品或服务的机会成本，换言之，公交票价应该对应于做出每一次位移或出行决策的短期边际成本。过低的公交票价会导致公交需求过于旺盛，但公交企业没有兴趣增加供给。尽管此时政府可以通过财政补贴对公交企业提供补偿，但补贴机制下的公交服务与市场机制下的公交市场服务存在着显著的区别，市场机制下公交企业需要考虑如何让乘客在千差万别的微观行程中满意。一味地采取低票价策略，未必能够提高城市公共交通工具的利用效率，过低的公交票价甚至会导致对公共交通资源的滥用。

（二） 有助于吸引客源

差异化公共交通服务模式，有助于最大限度地吸引客流。现实中，并非所有出行者都会受到低票价吸引而选择使用公共交通方式。随着社会的发展，越来越多的城市出行者逐渐追求更高品质的出行，而低价公交往往无法提供高水准的服务。因为，从公交供给的主体——公交企业的角度来看，公交服务水平与公交运营成本即使不是一一对应的，也基本是同向变动的。因此，即使公交票价低廉，较低的服务水平也足以吓退"服务水平弹性"较高的出行者。为了吸引越来越多的追求生活品质的出行者，必须提供高服务水平的公共交通。

（三） 有助于缓解城市交通拥堵

差异化公共交通服务模式，有助于缓解城市交通拥堵。从交通系统的角度来看，低票价并不是所有公交出行者以及潜在出行者考虑的最重要因素，亦不是提高公交分担率的唯一有效途径。公交优先不仅意味着对公交路权和财政投入有保障，更重要的是切实提高乘客服务水平。因为，对于可能从使用小汽车/出租车转向乘坐公交车的出行者而言，公交服务水平才是影响其出行选择的关键。当前较低的公共交通服务水平，不仅降低了公交乘客的舒适度，也造成了小汽车的更多出行和城市道路的过度拥挤，从而降低了城市交通系统的整体运行效率。

理想的交通方式转换很难通过低价公交实现，相对于票价低廉但服务水平一般的传统公共交通供给模式，高服务水平、高票价的公共交通服务模式将更具吸引力。面对存在多元出行需求的大城市居民，公交的服务对象也不仅仅是低收入者。公共交通票价的引导作用，合理调节各收入层次的居民对公交方式的选择；公交服务水平的多元化，促使更多的小汽车出行者转乘公交并放弃日常通勤驾车，从而有效地缓解有限路面所承受的交通压力。

三、城市差异化公交服务模式发展的可行性

大城市的城市化进程提供了差异化公共交通服务模式的潜在需求市场。20世纪90年代以来，随着单位制度的解体，原有"职住合一"的城市空间模式被打破。城市更新、产业升级、旧城改造、房价高涨等一系列因素导致经济活动和居住用地分离（职住分离）的趋势逐渐明显，给城市交通造成了巨大压力。

四、公交服务水平提升困难的经济学解释

（一）公交服务水平对小汽车出行者的影响

尽管"公交优先"已逐渐成为共识，但公交服务水平，广义上包含了出行者在公共交通工具上、在站台候车、查询公交信息，甚至两端慢行交通的服务水平，在很多大城市仍未得到提高；狭义上是指公交乘车与候车的服务水平。

在城市出行方式选择方面，有一类重要出行者的真实意愿遭到了"绑架"：意向乘坐公共交通工具的出行者由于公共交通/换乘服务水平的限制不得不被动地选择小汽车（私人小汽车、出租车、专车等）出行。为便于叙述，特将这类出行者定义为"被小汽车化人群"。公共交通和停车换乘供给水平的低下，不仅造成了公共交通的过度拥挤和小汽车的更多出行，也降低了"被小汽车化人群"的舒适度，从而降低了整个城市交通系统的运行效率。

（二）公交服务水平提升的观念阻碍

由于长期以来人们已经形成一系列观念，如使用公共交通的主要是中低收入人群，因此，使用公共交通的只能是中低收入人群；公共交通不会为中高收入人群服务；公共交通也不能提价，因为中低收入人群无力承担。在交通运输业内，亦是如此。实际上，"公交优先"战略真正需要吸引的，是现在很少乘坐公交的小汽车、班车和出租车出行者。

（三）公交服务水平提升的经济阻碍

将可能转用公共交通的"被私人机动化人群"排除在公共交通的服务对象之外，或许有经济上的考虑。对于城市管理者来说，小汽车（私人小汽车、出租车等）出行者的人均贡献（税费）要远高于公交出行者和慢行交通出行者。因此，较低的公交服务水平（较高的公共交通通达率或覆盖率并不是高服务水平的充分条件）有助于将摇摆不定的小汽车出行者与坚定的公交出行者区分开。

第二节　出租车市场的经济学发展

一、出租车价格管制

（一）出租车费率

出租车市场的价格管制是随着出租车市场的逐渐繁荣和计价器的引入而确立的。管制下，出租车运价成为一种固定价栓，即司机向乘客收取的费用名义上只能是计价器显示的数额。司机不允许随意提价，也不能降价。最初，仅采用按车型和里程定价。里程定价又分为起步价和单位里程价格。固定定价的好处是避免了大量的交易成本——讨价还价的成本、由于信息不对称被交易对方欺骗的成本、由于交易不成耽误的时间和精力，以及由于消费者被欺骗后反馈带来的投诉和城市形象受损等。

（二）固定费率的不足

当市场供不应求时，出租车司机无法通过提价来接近市场均衡价格，因此，往往采取挑选"优质顾客"的方法来避免出现较高的机会成本。现实中，司机的应对方法主要有"挑客"（在停车之前就选择拒绝为部分打车人服务）、"拒载"（在停车询问打车人之后选择拒绝为其服务）和"加价"（在载客出发之后通过软、硬或软硬兼施的方法让乘客增加车资）。这就形成了高峰时段或恶劣天气下"打车难"的现象。随着城市规模和人口总量的不断扩大，很多大城市的主城区道路甚至通往城郊的道路均出现了较严重的交通拥堵，打车难问题非常突出，早晚高峰时段再遇上恶劣天气，几乎是一车难求。

当市场供过于求时，出租车司机也较难通过降价来争取顾客。因为，在一个城市区域中，所有同一类型车辆的定价是相同的。司机很难在行驶中表达试图降价的意愿。替代的做法是停车与潜在的顾客协商，或干脆暂停运营以减少车辆的空驶。

（三）　新技术的影响

时至今日，我国大城市出租车计费模式较传统的里程计费丰富了不少，燃油附加费、按堵车时间增加收费、长距离跑空费、预约叫车费等均在一定程度上影响了出租车司机的供给意愿和消费者的需求意愿。不过，显然仍未完全达到高峰时段或恶劣天气下的市场均衡价格。因此，无法真正地攻克打车难的问题。

近年来，随着信息技术、通信技术和网络支付技术的改变，出租车市场的供需矛盾正在得到缓解。以"滴滴打车"为例，在供不应求时，需求者可以通过"小费"等操作进行加价从而将自己升级为出租车司机眼中的"优质顾客"；在供过于求时，出租车司机可以通过定位顾客的具体位置减少空驶里程，并缓解"被顾客挑选"的风险（部分打车人在可能的情况下有选择出租车车型、新旧程度乃至颜色的偏好）。简而言之，出租车打车软件通过"加价"和"定位"等功能，进一步精确了出租车的市场供需。

二、出租车司机收入

（一）　出租车司机的资产专用性

出租车供给的收入与出租车司机的收入并不相同。出租车供给的收入主要受出租车需求、运价和运力管制等因素影响，出租车司机的收入则主要是受劳动力市场供求状况影响。实际上，20 世纪 80 年代到 20 世纪 90 年代中期，出租车司机是一个收入颇高的群体。原因很简单，那个时代很难获得汽车驾照，因而小汽车司机的劳动力具有较强的资产专用性。

（二）　向劳动密集型行业的转变

20 世纪 90 年代末至 21 世纪初，随着驾校和学车人数量的日益增多，汽车驾照的含金量逐渐下降，出租车司机劳动力的资产专用性也逐渐消散，出租车司机也成为了不需要太多技术含量、劳动力市场竞争激烈的体力劳动密集型职业。而这样的职业，在中国大城市是无法获得较高收入的。

三、出租车运力管制

"为了满足人们的出行需要，提高乘客乘车安全性，降低交通拥堵程度，需要对出租车客运市场加大管理力度。"[①] 从管理者的视角来说，出租车市场运力管制的目的之一是控制市场中的总供给，因为，出租车运力似乎会造成城市道路交通资源的浪费和更加严重的拥堵。出租车运力管制包含两个方面：①出租营运证（出租车牌照）管制。②对非法营运车辆的管理。实际上，出租车营运证的管制决定了一个城市区域中正规出租车运力的上限——所有出租车司机均保持最长工作时间并积极揽客时的总运力。而一个城市区域中出租车的实际运力会受到司机供给意愿的影响，例如，晚高峰时段，在市中心游弋的出租车数量可能非常有限，更多的车辆可能前往市郊运营；在暴雨暴雪等恶劣天气下，部分出租车甚至会暂停运营。

四、出租车市场的经济租

（一）经济租的形成

在出租车价格管制与运力管制下，出租车车费高于无管制的应有水平，消费者支付水平/意愿与出租车司机劳动力供给出现了的差距，从而形成了一类重要的"经济租"——对于公司化管理的出租车主要表现为"份子钱"，对于个体出租车经营者主要表现为"牌照费"。这类似于垄断企业通过控制产量获得超额利润的做法。在经济较发达的城市，也就是打车人的需求较高，如果出租车价格管制与运力管制较严格，"份子钱"或"牌照费"也会居高不下；而在经济欠发达的城市，"份子钱"或"牌照费"则有可能较为亲民。

（二）经济租与"份子钱"

以"份子钱"为例，作为出租车市场"经济租"的一种表现形式，"份子钱"在数量上并不完全对应于"经济租"。份子钱中有比较清晰的支出项，例如营业税，但亦有很多不够透明的支出项。理论上，出租车市场"经济租"应等于在"份子钱"中除去职工工资福利、车辆折旧、车辆保险等生产要素"影子价格"后剩余的部分。在20世纪八九十年代，出租车市场的"经济租"非常有限甚至可以忽略不计，而当前，"经济租"就非常可观了。这部分收益并不会全部流入出租车公司，而且，随着一个市场中出租车公司/集团/联盟数量的减少，出租车公司与其他部门或机构之间的交易成本也可得到降低，"经济租"变动和分摊的灵活性也有所提高。

---

① 江林. 出租车客运市场管理建议 [J]. 合作经济与科技，2016（03）：125.

（三）　经济租的表现形式

即使按照部分人的呼吁取消了"份子钱"，只要出租车市场的价格管制与运力管制不变，"经济租"就不会轻易消散，改变的只是"经济租"的表现形式和"经济租"分配时的交易成本。例如，假定某一时刻"份子钱"突然被取消，出租车公司也全部撤出（公司车辆全部交给私人车主），只要司机劳动力市场不出现阻碍，出租车司机的收入也不会出现大幅上涨。目前，我国各大城市的出租车市场组织形式主要包括以下类型：

1. 经营型企业

经营型企业，即公司拥有出租车运营权和出租车所有权，同时具备经营出租车业务的其他条件，雇用驾驶员运营。我国大中型城市出租车市场的组织形式主要以这一方式为主，以北京、上海等城市为代表。

2. 个体经营者

个体经营者，即个人拥有出租车运营权、出租车所有权，个人驾驶出租车或者雇用驾驶员开车。根据管制机构的规定，个体经营者必须挂靠在某一家出租车企业，由企业收取一定金额的管理费，负责车辆安全、服务质量等日常管理。

3. 牌照租赁型企业

牌照租赁型企业，即企业拥有出租车运营权，出租车司机拥有出租车车辆所有权，司机带车加入企业，按月缴纳出租车运营权的租赁费及相关管理费用。在我国，这一组织形式以南京市为代表。

五、新事物与展望

（一）　网络约车的影响

近年来出现的优步等网络约车平台，其经济学实质是借由更加灵活的定价和服务组合，即如果和提供相似服务的出租车相比，则提供了更低的运价，例如人民优步的定价约为出租车的70%，通过对出租车价格管制和运力管制的规避，获得了相对于传统出租车的供给优势。在这样的竞争下，传统的出租车行业自然难以抵挡。

（二）　出租车市场展望

出租车市场的价格管制主要是为了给市场交易提供价格标杆，以减少信息不对称条件下的市场秩序混乱；出租车市场运力管制的出现是消费者支付能力上升和出租车司机劳动力价格下降大潮下的产物，而依托出租车公司的牌照管制在全国得到如此迅速的推广，既有降低管理成本方面的考虑，也有以相对较低的管理成本获取"经济租"的目的。在城市化进程非常快的地区，消费需求、服务范围、竞争性交通方式的发展瞬息万变，加之汽柴油等生产要素价格的波动，出租车市场中协调一致的价格管制、运力管制和"经济租"的测算变得非常复杂，导致各类管制的调整难以及时跟上变化。面对滴滴、优步等新兴势力的强势竞争，传统出租车行业及其管制模式，都需要进行改变和调整，以适应市场需求和城市发展的需要。与此同时，滴滴、优步等也可能主动或被动地顺应当地政府的监管，以取得完全合法化的身份。

第三节　城市慢行交通的经济发展

一、公共自行车系统的经济学解释

（一）消费者视角的分析

1. 消费者视角下公共自行车的优势

（1）可以"免费"使用车辆。在中国，对于大部分公共自行车的使用者来说，得到的服务是"免费"的。众多城市的公共自行车收费标准规定了前 1~2 小时不收费，而由于自行车交通方式自身的特点，出行者很少长时间地骑行，因此，免费时长足以让绝大部分使用者完成单次出行，也给公众带来了公共自行车"免费"的感受。

严格地说，公共自行车的使用并不是完全免费的，由于公共自行车服务常常是通过地方财政进行补贴，因此，使用者通过支付税费，实际上已经支付了公共自行车使用的部分费用；可见，公共自行车财政补贴属于一类交叉补贴——不使用公共自行车的居民补贴了使用公共自行车的出行者。另外，部分城市对于公共自行车的使用者会收取押金，押金的资金成本、利息也是公共自行车供给的收入来源之一，尽管这部分收入并不算太多。

（2）减少了车辆管理成本。公共自行车统一的外形、亮丽的颜色、较坚固的停车桩以及较低的骑行品质，均大大降低了车辆的失窃率。因为试图出售失窃公共自行车的卖家，不仅要承担更高的被举报或被识破风险，也需要支付高昂的换色和改装成本，才能向买家提供品质堪比私人自行车的产品。

实际上，较高的被盗风险是私人自行车使用中一类重要的成本。由于自行车被盗后往往难以找回，为了防止车辆被盗，使用者需要慎重地选择停车场地和停车时间。

（3）便于非基家的自行车出行。尤其方便家庭和单位以外的起讫点与公共交通站点（地铁站、公交站）间的衔接，缓解由于公共交通站点密度不足导致"最后一公里"步行距离过长的问题。

2. 消费者视角下公共自行车的不足

（1）难以提供真正"门到门"的交通。公共自行车的租借点常常分布在城市道路或旅游景区道路两侧的人行道和公共交通站台区域，站点间距通常在 300 米以上，导致使用者常常需要配合借、还车两端的步行来完成全部交通行程。相对于私人自行车可以直接行使并停放在住宅、单位楼下来说，公共自行车难以提供真正的"门到门"交通服务。

（2）骑行更费力，舒适度不如私人自行车。目前，很多国内城市的公共自行车采用的是实心轮胎，骑行起来比充气胎要费劲。原因主要有两点：①一是因为实心胎比充气胎要重，从而摩擦力较大；②实心轮胎比较容易受重量和温度影响而变形，车轮不圆也会使骑车人感觉很累，同时颠簸也更加严重。

而公共自行车为何放弃使用充气轮胎，主要是由于维修成本和人力成本较高。使用充气胎的公共自行车，内胎平均每个月就有 50% 的更换率，99% 的自行车每天都要充气。相比较，实心轮胎更加耐用、维修率低且不易爆胎，也间接降低了车辆被盗的风险。

（3）车辆使用功能单一。由于公共自行车没有安装后货架，载货能力大打折扣，亦无法载人。虽然公共自行车普遍安装有前车篓以提供一定的载货能力，但同时也增加了车辆控制与转向的难度。

（4）可能遇到租借点"空桩"或"满桩"问题。租借点"空桩"指的是某一时刻某一租借点的车辆全部被取走的情形，与之相反，"满桩"意指租借点的停车桩位全部被占满的状态。"空桩"时潜在的需求者无法得到服务；"满桩"时消费者需要费时费力地原地等待或更换租借点。当然，这属于供需不平衡时的规划和运营问题，并非公共自行车体系的必然，也可以通过车辆/停车桩数量的合理布设和及时的车辆调度加以缓解。

（二）城市管理者视角的分析

1. 城市管理者视角下公共自行车的优势

（1）提高城市交通效率。公共自行车的人均使用次数较高，一般为 4~6 次/日，要高于私人自行车（通常被认为低于 3 次/日），因而在一定程度上提高了自行车和自行车公共停车空间的使用效率。同时，通过公共自行车与公共交通的换乘，为很多中长距离的出行者提供了便利，减少了一定的私人自行车（含电动自行车）乃至私人小汽车中长距离出行。这些都有助于节约道路交通资源并缓解地面交通拥堵。

（2）提升城市形象。统一、整齐、有序的公共自行车系统，有助于塑造城市低碳、环保、健康的良好形象。与之相比，显得拥挤、杂乱的私人自行车停车场地，往往被认为有损于城市形象。

（3）降低非机动车的社会管理成本。公共自行车的被盗率要低于私人自行车，这一点对于公共交通站点及其附近的非机动车停车点来说尤为显著，从而降低了全社会的非机动车停车保管成本和失窃执法成本。

2. 城市管理者视角下公共自行车的不足

（1）车辆购置及停车设施供给成本较高。公共自行车及其租借点设备设施的供给成本较高，每套高达数千元。与之相比，私人自行车的购置费用往往低于500元，新增停车设施的单位成本也较为低廉。

（2）车辆维护成本较高。公共自行车的运营维护成本较高，一辆公共自行车的运营成本一般位于1000~2000元/年的区间。使用者很难像对待自身财物一样地爱护公共自行车，加之自行车道路交通基础设施存在的不足，造成了大量公共自行车被"无意"甚至"有意"的损坏。损坏的情况几乎每天都会发生，负责维修的部门每天都得修两辆。

二、电动自行车市场的经济学解释

（一）电动自行车市场分析

1. 电动自行车的优势

电动自行车的市场化销售始于20世纪80年代初的日本，但直到21世纪初，技术和成本对市场吸引力的限制才被打破。电池和发动机的技术改进、组件模块化以及规模经济的改善，意味着电动自行车可以行驶更长的里程、速度更快，并且价格比以往任何时候都更经济。特别是与传统自行车相比，电动自行车使用者的出行距离比传统自行车使用者更远、行驶速度更高、骑行更省力，节省了出行者的时间和体力消耗。同时，发展之初也不受许多城市禁止使用小型燃油摩托车和电动摩托车的限制。电动自行车的购置成本也较低，因此，电动自行车产业得到了迅速的发展，是机动化历史上规模最大、发展最迅速的燃料替代型交通工具。

2. 电动自行车市场的阻力

然而，近年来，中国不少城市却实施了针对电动自行车的限制甚至取缔政策。城市限制甚至禁止电动自行车的出发点主要有三个方面：①为了降低交通事故发生率；②为了缓解道路交通拥挤；③为了打击非法营运。同时，电动自行车的身份问题，究竟属于"非机动车"还是类似轻型摩托车的"机动车"范畴，也一直是社会关注的热点之一，因为这涉及管辖权和相关法律法规的适用性问题。

3. 电动自行车的不足

随着电动自行车价格的日益亲民，电动自行车使用者也逐渐与自行车趋同，存在着交通素质一般的问题。与自行车相似，电动自行车车体小、转向灵活、易造成蛇形骑车而偏离原行驶车道。与自行车不同的是，电动自行车速度较快有助于提升平衡性并更为迅速地通过道路交叉口，但由于启动和加速快，电动自行车在车流中穿插空档、在绿灯起亮时甚至起亮前穿越停车线进入交叉口等现象也较为常见。由于与自行车和机动车的交通特征均存在区别，而交通违章甚至违法行为亦较为普遍，电动自行车与其他交通方式的矛盾也较为突出。

（二）电动自行车问题的经济学解释

1. 电动自行车出行的外部性

电动自行车市场更关键是外部成本和路权问题。外部成本影响外部成本和管理成本；路权问题影响交通效率和公平。

相对于传统的人力自行车，简称自行车，电动自行车更好的动力性能和较大的尺寸带来了更高的交通干扰和事故风险，特别是对于交通素质和道德修养较低的人群来说。这些干扰和风险常常是作为"外部成本"存在的。

2. 电动自行车违章执法的交易成本

如果在某交叉口临时设点对违章（闯红灯、逆行、占用机动车道、超速、私自改装车辆、营运送客等）的电动自行车进行拦截和处罚。

（1）在众多骑行者中"少数"被"抓"的骑车人往往会认为自己运气不好，而不会由于被处罚而改变自己的交通行为，执法的教育作用非常有限。

（2）在部分违章骑车人被拦截之后，后续的骑车人会更容易察觉执法行为并暂时隐藏自己的违章动机，加之电动自行车的灵活性远高于机动车，即使违章行为被发现，只要不是无路可走，部分车辆仍然可以迅速改变方向甚至掉头进行规避。

（3）从执法成本的角度来说，执法过程需要消耗一定的人力物力，在执法资源有限的情况下，执法的机会成本更是非常高昂，相同的执法资源如果转用于疏导交通或进行机动车执法等其他任务，社会收益可能更高。

（4）从执法处罚的经济收益来看，电动自行车的单车处罚数额通常在几元、几十元，如果设置太高，会由于阻碍执法和暴力抗法而增加执法成本。

（5）由于缺乏车牌等车辆相关信息，利用摄像头等适用于机动车执法的常态手段暂时也无法被移植到电动自行车执法中。

因此，以减少电动自行车违章来缓解其对交通流的干扰并降低事故风险的事前执法成本高、收效低，很难持续。与之相比，面向所有（或大部分）电动自行车的执法处罚，由于可以较大地增加车辆捕获率和处罚收益，因此更容易做到常态管理。这也是广州、深圳等城市可以连续实施多年电动自行车限行、禁行政策的经济学基础。

3. 电动自行车事故处理的交易成本

电动自行车由于行驶稳定性较差、车速较高、刹车性能差、防护措施少，一旦发生和机动车的相撞事故，由于碰撞双方质量悬殊，电动车方处于明显弱势，伤亡率很高；如果和自行车或行人发生相撞事故，则电动自行车由于质量较大、速度较快，往往会占据优势并造成后者一定的伤亡率；城市中发生更多的是电动自行车与其他车辆的碰擦事故，损失通常不是很大。

更关键的是，事故发生之后的处理和赔偿问题。由于电动自行车一般没有牌照，事故发生后，肇事者如果选择逃逸，会极大地增加事故处理的成本。现实中确实有很多电动自行车肇事者选择了事后逃逸。同时，目前大部分电动自行车没有购买保险，骑车人多数来自中低收入阶层，损失赔偿能力有限。一旦发生事故，在赔偿金额方面极易产生纠纷。加之中低收入阶层的时间价值较低，在耗时耗力的讨价还价、调解、诉讼甚至逃逸等潜在威胁下，机动车驾驶人即使是受害人，也常常主动、被诱导甚至被迫承担事故的主要甚至全部责任，并通过机动车保险减少事故的损失。从经济上看，不少电动自行车驾驶人成功地将交通事故的风险转嫁给了机动车车主/驾驶人和机动车保险公司，这显然属于社会"外部成本"的范畴。

4. 电动自行车的环境外部性

中国90%以上的电动自行车（大多为踏板式电动自行车）均使用铅酸电池，尽管其他类型的电池（如锂电池）近年来陆续进入了市场。电动自行车很大程度上导致了中国铅消费量不断增长并影响相关种类电池的生产、回收和报废——这一过程被视为产生环境污染的主要来源。

5. 电动自行车限制政策的经济解释

尽管电动自行车的市场巨大，对于提升使用人群的交通舒适度也非常有效，但该交通方式的"外部成本"很高，并由于高昂的交易成本难以市场化。即使将部分"超标"电动自行车划入机动车的范畴并得到与机动车相似的监管，监管（牌照管理、驾照管理、交通违法行为监管）和事后处理（处罚、定责、理赔）的交易成本仍然会十分高昂。因此，部分城市选择默认电动自行车的"外部成本"，至少可以避免大量低效的执法支出；而另一些城市则实施了严格的电动自行车限行禁行政策，至少这样做可以从经济上维持常态的执法处罚。

电动自行车的主要竞争对手主要是公共交通和人力自行车/三轮车。限行禁行后，虽然对于原电动自行车出行者来说，短期内很难找到满意的替代品，但从地面交通的角度来看，可以获得一定的效果。电动自行车对道路交通资源的人均占用水平虽低于小汽车，但要高于公交车、地铁和自行车，对停车资源的占用水平要高于自行车，而受限后电动自行车的骑车人绝大部分会转由公共交通或其他慢行交通出行，因此，总体的道路交通资源使用水平会下降。总而言之，有助于缓解城市交通拥堵，也是部分城市趋向于限行或禁行电动自行车的重要原因之一。

电动自行车的出现是交通工具制造技术发展下的产物。在无须搬起自行车上下台阶的场合，电动自行车在机动性和便捷性方面几乎完胜脚踏自行车，在拥堵的城市道路甚至可以击败机动车，因此在气候和地理条件合适的区域出现了蓬勃的发展。然而，如果电动自行车使用人群的交通素质和道德风险问题较为突出，会造成极大的社会"外部成本"。在找到能有效降低这些外部性的方法之前，必须在忍受这些外部成本和降低电动自行车出行者舒适度之间进行权衡和取舍，城市管理者必须做出更适合城市需求和多数居民意愿的选择。

第四节 公路货运的经济发展

一、运价走低的经济学解释

（一）车辆载重能力的提升

在我国，中吨位/中型卡车（装载质量大于 3 吨、小于 8 吨的普通载货车及其各种变形车）是我国汽车工业中生产历史最长、社会保有量最大的产品。20 世纪 90 年代中期之前，以载重 5 吨系列的中型车为核心产品，虽然先后经历了长头换型、柴油化、平头化等技术升级过程，但载重能力一直未有显著提升。当时载重 8 吨以上即可迈入重型货车的范畴，载重 12~15 吨已经是国产货车的上限。

20 世纪 90 年代中后期开始，用户最强烈的要求是多拉快跑，创造更多的效益，原来拉 5 吨的车，如何能够拉到 10 吨，成为汽车企业重点面对的技术难题，经过了加强化、多轴化两个过程充分满足用户超载的需求，中型货车通过不断强化逐渐与重型车接轨，形成了具有中国特色的准重型卡车。近年来，高速公路网快速发展，全社会公路货运量、货物周转量稳步提高，加之房地产开发如火如荼，使得载重 15 吨以上的重型货车、自卸车、工程车及拖挂 25 吨以上的牵引车车型高速增长。

从发动机的角度来看，20 世纪 90 年代初市场上的发动机不论是解放牌还是东风牌，功率都在 140~180 马力左右，只能满足 5~8 吨车的需求。经过多年的发展，排量更大、技术更先进、排放更环保的新款发动机得以推出，排量由 6~7 升提高到 10~12 升，功率也提升到 280~420 马力，可以满足重型牵引车、自卸车的需求。

（二）车辆售价的下降

汽车在 20 世纪八九十年代是稀缺物品，即便是在大城市，汽车也只是极少人才能享用的奢侈品。在当时的历史条件下还没有私家车这一说法，不论是军队的吉普车，还是供高级官员乘坐的轿车，抑或是用于运输的大卡车，在普通民众的心目中同样富有神秘的色彩。

改革开放前的车辆价格未必是真实的市场价格，因为当时没有健全的市场——私人不允许购买汽车，单位或企业购置汽车也有计划分配和市场销售两条渠道，并分别实施计划价和市场价，市场价格波动很大。当时公布的"价格"并不等于添置车辆全部的"代价"——除了支付一定的费用，还需要使用"指标"等其他资源。

（三）司机劳动力价格的下降

与出租车司机相似，在 20 世纪 80 年代到 20 世纪 90 年代中期，卡车司机一直以来都是一个令人羡慕的职业。在普通人看来，卡车司机走南闯北、见多识广、报酬丰厚、家境富足。在很长的一段历史时间里，只有大型企业才会有运输部门，很多运输部门是政府机构参与运营的，普通人家的子弟很难进入。在这种特定的历史条件下，卡车司机自然成为"高人一等"的就业岗位。

（四）燃油价格与燃油经济性的变化

1998 年以前，我国的成品油价格由政府制定，并不考虑国际油价的变动；1998 年之后，国家对原油、成品油价格形成机制进行了重大改革，改变了过去单一的政府定价模式，实现国内原油和成品油价格与国际市场逐步接轨。总体来看，货车燃油经济性的逐渐提升是车辆技术进步的大势所趋。

（五）"费改税"的影响

费改税方案的核心内容可概括为"三费（养路费、客运附加费和运管费）改为一税"。具体实施方案是开始征收燃油税取代公路养路费（三费中占比最高）、公路客货运附加费、公路运输管理费、水路运输管理费、水运客货运附加费，以及地方用于公路、水路、城市道路维护和建设方面等的部分收费。

费改税的原因较为复杂，对于公路货运车辆来说，主要的影响包括：①可以将税费同车辆的实际使用强度联系起来，实现税费征收的相对公平；②避免原来"三费"征收环节高昂的交易成本（例如"大吨小标"——指车辆标称的核定载重量远小于实际载重能力/吨位的行为，以逃避按照核定载重量征收的公路养路费等税费），以及由于高交易成本造成的"税费流失"；③有助于促进车辆燃油经济性的技术进步。当然，费改税时需解决原费收体系人员的安置问题，费改税之后需面对成品油消费税征收环节更高的交易成本。

（六）计重收费的影响

我国传统的公路收费制度中，主要采用的是分车型按次收费或分车型按里程收费这两种方式。对于货运车辆，通常是按照车辆"核载"（车辆行驶证上的核定载重量）将其分为几类，再对每一类车型按照不同的里程费率收取通行费。这样的收费分类方式较为明确，也便于人工判别车型。然而，这种分类方式存在着以下缺陷：

1."大吨小标"问题

与公路养路费征收相似，按照车辆"核载"收取通行费的问题时，车主有降低标称载重量以减少缴费额的强烈动机，车辆生产厂家也有配合消费者的利益关系。因此，市场上一度出现了众多压着收费分类线的"核载"，例如 1.99 吨（以避免迈过 2.0 吨的 2 类车门槛），4.99 吨（以避免迈过 5.0 吨的 3 类车门槛）。而这些车辆的实际载重能力甚至高达 20 吨。从公路运营方的视角来看，由于其无权对行驶证上核载数据的真实性和

准确性进行干预，而修改各车型的通行费费率不仅容易"误伤"大型客运车辆，在制

度上也较为复杂，因此，"大吨小标"的做法无疑造成了通行费的大量流失。

2. 缺乏排他性

重载货车对于道路桥梁的寿命存在着几倍至数百倍于小汽车的影响。特别是对于公路路面，一辆严重超载的货车在理论上的影响可能相当于数千辆小汽车，甚至会出现一次行驶就造成路面损坏的情况。因此，公路运营方没有向此类车辆提供服务的意愿。然而，公路运营方缺乏限制或禁止严重超载货车通行的权限。结果是，不得不按照事先公布的价格——通行费费率来提供通行服务，或者支付费用邀请拥有执法权限的公安等部门协助管理。

综上所述，公路市场（"公路产品"交易的市场，该市场中，汽车用户通过支付路桥通行费或交税，向公路供给方购买"车辆通行权"）中严重的机会主义问题和高昂的管理成本引发了公路供给方的强烈不满。这也直接导致了21世纪初我国各地多次出现的超载超限车辆运输治理运动（简称"治超"）。不过，运动式的执法无法改变货车重载的经济基础，也难以消除市场中的机会主义风险。

21世纪初，随着车辆动态称重、轮胎识别、车辆分离等技术的日趋成熟，公路建设运营方找到了一种新的费收方法，可以有效解决上述两个问题，这就是计重收费。计重收费，是通过对收费车辆进行以轮轴类型和重量划分进行收取费用的系统。收费方不再按照捉摸不定的"核载"，而是改为依据车辆轮轴类型（轴数、轴型）这样较为准确的特征对货车进行分类，再按照车辆的重量特征（车轴重量、车货总重等）设置基础收费费率和超载车辆"惩罚性"费率。这样，不仅有效地缓解了业者"偷逃"收费的机会主义问题，也通过更为细致的费率标准攫取了更多的"消费者剩余"，同时通过高昂的"惩罚性"费率阻止了严重超载的驶入。

简言之，尽管计重收费系统的建设运营投入较高，也存在着一定的准确性和可靠性问题，但计重收费模式这一中国式创新，是高速公路市场较为成功的机制转变。当然，从高速公路市场中消费者（货运业者）的角度来看，计重收费无疑在一定程度上增加了车辆运营成本（业者支付了更多的通行费，或者改走其他公路）。而这样的成本增加，大部分会转移至公路运输的最终消费者——社会中的所有人。

（七）综合影响

综合来看，与20世纪八九十年代相比，当前的公路货运行业在运输能力、运输范围和服务水平方面都有了很大的进步。与此同时，运输成本却得到了大幅下降。其中，最主要的原因在于车辆制造技术和公路建设技术的改进。车辆制造技术不仅大幅提升了车辆的装载能力，减少了车辆油耗，也降低了车辆售价和维修成本。加之货车司机劳动力价格在一定程度上的降低和司机们更辛勤的付出，公路货运价格不升反降并没有太多费解之处。更不能根据部分运输成本项出现"增长"就做出目前公路运输价格与成本变化"相背离"的判断。

至于成品油消费税、养路费、路桥通行费等税费的增加，一方面确实是社会税费成本的提高；另一方面，由于货运业者得到了更好的公路服务，也可以理解为是一种对公路货运生产要素之一的道路服务的经济支付。

最后，公路货运市场在起讫点（供给地—消费地）需求差异很大，而目的地周边范围内亦缺乏其他货运需求地的情况下，也可能使用出现"高峰定价法"的情况，此时，货运业者在车辆返程接受较低的运费（甚至低于单程的运输成本）也是理性的选择。不能因此就断定公路货运市场存在非理性的"恶性竞争"。

二、我国公路货运的优势与影响

（一）我国公路货运行业的特征

1. 车辆装载量较高

在车辆轮轴类型相同、车辆自重相近的情况下（后文简称同级别），我国公路货运车辆的载重能力和实际载重量要远超过欧美发达国家的货车。而同级别对比，中国货车的发动机功率往往要小于美国货车，尤其是对于车型 4 和车型 5 的重型车辆来说。其中的主要原因在于：中国的货运需求者往往更看重运输成本的节省而非单程的运输速度。因此，中国的公路货运行业普遍采取"重载"加"低速"的运输业态，以提高运输批量、降低油耗，从而降低单位运输成本（元/吨公里）。中国的货车也常常装配功率相对较低的发动机（因为无需高速行驶，尽管装载的货物更重，但对车辆动力的需求会更低）并减少车辆的舒适性和安全性配置以进一步降低成本。

2. 车辆行驶车速较低

车辆选定后，货车司机在行驶车速决策时，主要是基于下述考虑：

（1）经济性。货运车辆的经济时速（通常是一个速度区间）是指在车辆行驶中消耗燃料最节省的速度。它随路况、载重、风向、气候及使用情况有所变化。由于我国公路货车重载的倾向性，车辆的经济时速在负载时通常较低（否则就会造成油耗的急剧上升）。因此，对燃油成本较敏感的大多数货车司机，即使在高速公路上，也会尽量将车速控制在 60~75 公里/小时经济时速（相比较，很多小汽车驾驶员的期望车速常接近公路的限速

100~120公里/小时）。这就造成了我国公路货车的行驶车速普遍较低的现状。较低的行车速度，带来了更好的燃油经济性，并减少了对车辆动力的需求从而降低了车辆售价，这些都有助于降低运输成本。不足之处在于增加了运输时间（中国的运输业者通过长时间连续行车、夜间行车和减少休闲时间等方式，弥补了这些"损失"的时间，甚至做到了超过美国的长途运输效率），并带来了交通效率、交通安全等方面的负面影响。

（2）时效性。对燃油成本不太敏感的部分货车司机（例如正在赶时间的快递物流车辆驾驶员），则有选择高行驶速度的动机。当然，车辆能够达到的速度会受到车辆动力性能（如最大车速）、路段交通量和驾驶员能力等因素的制约。

（3）安全性。在面对下坡、弯道、交通拥堵等路况时，出于安全方面的考虑，驾驶员会在车速方面做出一定的保留。

3. 货车司机的工作强度大

货车司机，尤其是长途货车司机，连续驾驶时间长、夜间驾驶时间长，休闲甚至睡眠休息时间都很有限或不完整，工作强度相当大。原因主要如下：

（1）在重载低速的行业需求下，为了保障整个运程的效率，司机不得不通过减少休整时间以弥补低车速造成的效率损失。

（2）为了与起讫点的物流集散时间相一致，并减少很多城市白天限行货车政策的阻碍，长途运输只能选择夜间行驶以保证傍晚发车、凌晨到达。

（3）货车司机的劳动力供给较为充足，司机们在工作内容和时间安排方面没有太多的选择余地。

（4）为了躲避各地针对货车的多种形式的执法处罚，司机在某些时段会被迫停车"休息"，而在其他时段（如夜间）连续赶路。

（5）在被执法人员拦截后，司机需要耗费精力和财力"讨价还价"甚至寻求其他手段以减小总体损失。这些都增加了货车司机的工作强度和工作压力，并成为了中国货车司机有别于发达国家同行的特征。

（二）公路货运特征对交通事故的影响

在我国某些公路路段，常出现运行交通量并没有达到设计通行能力而实际交通状况却拥挤不堪的现象，并迫使这些公路提前进入改造期，影响了这些公路社会经济效益的正常发挥。原因之一，在于公路上较多车速较低的重载货车与其他快速车辆混行，在公路沿线形成大量的"移动瓶颈"，导致道路实际通行能力下降。"移动瓶颈"的概念：在多车道道路上，当一辆货车在一条车道上行驶的时候，经常会造成后面几辆甚至大量车辆减速跟行，形成"成簇"慢行车队，它不同于在那条车道上的一个实际的障碍物，而是由于速度的差异，这种情况称为移动瓶颈。

在发达国家和地区，针对"移动瓶颈"的应对措施主要集中在重型车爬坡及弯道转弯上。通过专设重型车爬坡车道，问题已得到基本解决。在我国，公路货车行驶速度较低的现象不仅仅出现在爬坡及弯道，而是贯穿于整个行驶过程：低速运行的货运车辆引发后方到达车辆的超车需求，而车道数的限制使得超车机会受限，从而使得小客车和大型客车延误的增加；而当一辆货车从超车道超越另一辆更慢的货车时，会暂时形成全部车道的障碍，造成后面大量车辆减速跟行；在无法立即超车的情况下，小汽车驾驶者出于自身安全的考虑常倾向于远离低速行驶的货车，因此会采用比正常行车间距偏大的跟驰距离，从而导致交通流密度降低，影响实际通行能力。因此，货车行驶车速较低的国情，容易形成道路交通移动瓶颈，造成车流速度趋向于重型货车的期望速度，对于道路交通效率的影响极大，尤其是对于交通量较大且货车混入率较高的路段来说（形成的移动瓶颈不再独立，而是相互影响）。

当前我国很多公路服务水平的下降，并非由于交通量接近通行能力，而是由低速货运车辆的影响。为了缓解拥堵，直接将双向四车道公路扩建成双向六车道（甚至更多车道的）公路，需要相当大的投资。扩建后虽然改善效果较明显，但由于实际交通量并不大，亦造成了较严重的投资浪费。

（三）公路货运特征对交通安全的影响

1. 超载的影响

相对于满载状态，货车超载不仅降低了车辆操控性能，增加了驾驶操作的强度，同时也增加了驾驶员的心理负担（对于车辆控制、事后处理以及被处罚的担忧）。由于车辆在超载状态下的行驶性能存在更大的不确定性，而驾驶员对这些负面影响难以全面把握，当面对行车阻碍（如车辆故障，路面障碍物，其他车辆、非机动车或行人干扰，人员执法等）需紧急变向、刹车或采取其他操作时，驾驶员容易犹豫、惊慌甚至操作失误，从而造成事故的发生或事故严重程度的增加。另外，部分车载货物（例如钢材、化学危险品等）在车辆急刹车、侧倾等状态下也会对驾驶室和驾驶员造成一定的威胁，这种威胁在车辆超载状况下会增加。

最典型的场景是连续长下坡或陡坡路段。在连续长下坡路段，车辆超载加速了车辆制动性能的衰退，货车驾驶员为避免刹车磨损和失效，较少制动，因此车速往往较高，此时一旦出现突发情况往往非常被动——先车辆会变得比低速时更容易失控，另外，紧急制动也更容易造成车载货物前冲并挤压驾驶室。而在陡坡路段，制动失效是主要的事故原因之一，尤其是在急弯陡坡组合路段，因驾驶员频繁制动，导致制动器温度上升，制动失效现象最容易出现，车辆超载加剧了制动失效的风险。

2. 低车速的影响

车辆的车速与平均车速的差值越大（无论是高于还是低于平均车速），即车速分布越离散，事故率就会越高。前提是公路货车的行驶车速在平直路段与小汽车基本一致。而对于我国的公路，特别是高速公路来说，由于客车与货车的期望车速差距较大，时常会形成两种典型车速（例如客车的110公里/小时和货车的70公里/小时）共存的现象，并形成两个车速峰值（而非发达国家公路的单峰值）。尽管存在这样的差异，对比车速标准差与事故率，还是可以发现，车速离散性较大的路段，事故率较高。货车车速远低于客车，之所以会造成更高的事故率或伤亡率，主要有以下原因：

（1）增加了追尾的风险。货车车速明显低于客运车辆，易造成车速明显不同的车辆发生追尾或碰擦。当发生小汽车追尾货车的事故时，我国货车重载和低速的特征又进一步降低了"碰撞相容性"。"碰撞相容性"是指在不同的车辆之间发生碰撞时，车辆的总质量、几何外形和结构刚度方面相互融合可以达到彼此能够承受的程度，换言之，汽车不仅要保护自己车内乘员，也能保护对方车内乘员的安全。为了重载的需要，我国公路货车的长尾高度较高，当小汽车以较高的相对速度追尾货车时很容易发生"钻撞"，即小汽车车头钻入货车或挂车的后下部（小汽车保险杠以及与其相连的前部防护结构均无法正常工作或溃缩），而小汽车相对脆弱的乘员区与货车的尾部发生直接碰撞。此时，货车尾部极有可能碰撞小汽车车顶并导致小汽车司乘人员的头部损伤。数据显示，我国小汽车与货车发生追尾时，即使是在40公里/小时的相对车速下，小汽车前排驾乘人员的死亡率仍高达80%。

（2）增加了交通冲突。货车车速明显低于客运车辆，亦导致了大量、频繁的车速变化与超车行为，间接地增加了事故率。而道路上发生交通冲突现象的次数越多，发生交通事故的可能性越大。在超车的客车与被超的货车之间，由于两车的流谱发生相互干涉，引起扰流的变化，在车身上产生瞬时气动力的压力分布，并且该压力分布在整个超车过程中迅速变化，这种变化将直接导致作用在汽车车身上的气动力发生改变，导致车辆（往往是正在超车的小汽车）横摆、侧倾、侧滑状况发生变化，从而影响车辆行驶的瞬态稳定性，严重时会发生交通事故。此外，由于存在货车这样的移动瓶颈，试图超车的车辆与对向车道的车辆、试图超车的多台车辆之间也会产生交通冲突。尽管事故发生后无法认定货车的事故责任（因为其正常行驶），但事前的影响不可忽视。

（3）运营环境的影响。货车司机的人为失误是很多交通事故的主因，其表现主要包括超速行驶、疏忽大意、疲劳驾驶、酒后驾车、疾病等。从驾驶员自我认识的角度来看，分别有 95% 和 90% 的驾驶员认为疲劳驾驶、疏忽大意是造成交通事故的主要因素之一。

疲劳驾驶引发的交通事故在货运行业比较突出。驾驶员普遍认为夜间以及长时间连续驾驶是导致疲劳的最主要因素，睡眠不足和酒精的影响也会导致驾驶疲劳。对于长途运输来说，沿途道路几何线形、路面条件、视野状况和气候条件等差别很大，环境的变化也会导致驾驶员产生恐惧、孤独感，引起心理疲劳。此外，车辆振动、驾驶室温度过高等因素亦会造成驾驶疲劳，使驾驶员视觉敏锐度降低，对道路情况反应不及时，操作的准确性下降。最后，交管部门对疲劳驾驶行为的认定也会对保险公司的事故理赔金额造成负面影响，这也进一步增大了货车驾驶员的心理压力并导致其心生不满情绪。

驾驶环境的特殊性决定了货运驾驶员易冒险。货运车辆在夜间或空旷路段行车较多，有些冒险行为不易被交通管理人员发现，从心理学的角度看，如驾驶员屡次采取冒险行为却没有发生交通事故也没有受到惩罚，则驾驶员的主观风险意识会大大降低。

（四）公路货运特征对公路基础设施的影响

尽管公路市场的重要消费群体——公路货运车辆对公路路面可能存在着如此严重的影响，但是只要定价与服务合适，买卖双方仍有可能达成一致。计重收费模式的提出，一改之前大部分公路货运业者"支付不足"的问题，并得以将部分车辆排除在供给对象之外（一些高速公路甚至拒绝向 5 轴以上的货车列车开放），从而成功地消除了公路货运车辆对于高速公路路面的外部影响，或者说将这些外部性内部化了。目前，全国已有超过 20 个省/市/自治区引入了计重收费，广东等省份的高速公路甚至已全部实施计重收费。

对于普通公路市场，计重收费模式则很难实施。一是由于普通公路的非排他性较高（出入口太多），控制全部出入口的成本将过于高昂；二是由于国家开始逐步取消政府还贷二级公路的收费站，普通公路费收体系将逐渐退出。针对重载货车，相关部门采取了"固定式超载超限检查站"配合"流动式执法"的管理模式，亦取得了不错的效果。

综上所述，我国的公路货运业基本属于"成本导向型"行业。车辆重载、低速行驶与货运业者的高强度劳动将单位运输成本控制在非常低的水平，全社会均得以从中获利。这也是超载超限运输治理中最大的阻力来源。需要说明的是，由于身处可竞争市场，公路货运行业（尤其是整车货运）本身并没有取得较高的利润水平。而货车司机群体，随着劳动力资产专用性的下降，不仅无法取得高收入，亦承担了较大的职业风险。

公路货运重载、低速的特征对于交通效率、交通安全和基础设施寿命均产生了巨大的影响。需要说明的是，并非所有负面影响都属于"外部成本"。在交通安全领域，货运业者可以通过购买车辆保险和货物保险降低风险损失；换言之，通过商业保险，行业已将公路货运交通安全方面的部分外部性"内部化"了。在公路市场领域，货运业者通过路桥通行费和其他税费、罚款，支付了车辆通行公路基础设施的费用；换言之，通过支付税费和罚款，行业已将车辆对公路基础设施的大部分外部性"内部化"了。从经济学的角度，这些已被"内部化"的部分，不应被继续视为公路货运对社会的负面影响。

当然，公路运输行业仍然存在尚未被"内部化"的社会影响。例如由于货车低速行驶导致其他车辆交通效率的降低和交通事故率的增加。当然，这里牵涉到一类产权——路权是否明晰的问题，如果货车低速行驶的权利受到法律保护，那么，其他社会车辆受到的交通影响不应被视为货车带来的外部性。此外，货车在环境污染、噪声、震动等方面亦存在外部影响。

展望未来，随着产业转型升级和社会经济发展，公路货运需求将逐渐从"成本导向型"向"效率导向型"转化，其他社会车辆和货车司机群体自身亦会在交通效率和交通安全领域提出更高的诉求。多方博弈的结果将给行业的发展带来新的动力。

参考文献

[1] 杭文. 运输经济学［M］. 南京：东南大学出版社，2016.

[2] 安玲. 低碳经济背景下公路交通运输经济的发展趋势探析［J］. 物流工程与管理，2023，45（05）：104-107.

[3] 陈燎，刘志强. 智能交通系统与我国公路运输发展对策［J］. 江苏理工大学学报（社会科学版），2000，2（4）：36-40.

[4] 冯志强. 关于交通公路运输工程成本控制的研究［J］. 居舍，2020（07）：127.

[5] 耿彦斌. 论交通运输供给侧结构性改革［J］. 综合运输，2016，38（11）：30-33.

[6] 韩玲. 浅析当代公路交通运输经济发展形势［J］. 现代经济信息，2014（14）：390.

[7] 韩梅. 公路交通运输对区域经济发展的影响分析［J］. 中国商论，2017（34）：144-145.

[8] 胡海清，肖长刚，甘信丹. 我国公路运输价格指数编制研究——以济南市为例［J］. 价格理论与实践，2016（05）：115-118.

[9] 胡开云. 论综合运输市场的划分［J］. 重庆大学学报（社会科学版），2004，10（2）：35-37.

[10] 江林. 出租车客运市场管理建议［J］. 合作经济与科技，2016（03）：125-126.

[11] 姜占峰. 交通运输供给侧结构性改革相关问题分析［J］. 投资与创业，2017（6）：95，101.

[12] 李聪颖. 公路货物运输价格调查机制构建与应用探讨［J］. 铁道经济研究，2017（02）：39-42.

[13] 李国升. 交通运输经济管理实行市场化改革的必要性分析［J］. 中国商论，2017（13）：179-180.

[14] 李好. 道路运输市场化进程分析［J］. 经济研究导刊，2021（13）：145-147.

[15] 李红涛. 试论公路交通运输对区域经济发展的重要作用［J］. 现代商业，2021，

（21）：134-136.

[16] 李立宏，赵玉莲. 注重资金的时间价值抓住商机 [J]. 商场现代化，2009（6）：101.

[17] 李琼，梁晓辉，李娜. 运输供给与经济社会发展适应性分析 [J]. 交通科技与经济，2009，11（6）：123-125.

[18] 李卫权. 经济新常态下公路交通运输经济管理重要性分析 [J]. 现代经济信息，2016（12）：336.

[19] 刘世铎，吴群琪. 运输需求实现程度与公路运输供给适度性的比较研究 [J]. 山东交通学院学报，2012，20（3）：24-28.

[20] 刘涛. 经济新常态下公路交通运输经济管理重要性与创新路径探讨 [J]. 中国民商，2023（1）：1-3.

[21] 路军良. 市场经济条件下公路运输经济管理问题研究 [J]. 中国市场，2023（8）：58-60.

[22] 吕京明. 降低公路交通运输成本的策略探讨 [J]. 中国商论，2017（19）：49-50.

[23] 逄守艳，张恩英. 公路交通运输统计数据质量的研究 [J]. 中国统计，2012（4）：52-53.

[24] 彭志敏，吴群琪，孙瑞芬. 运输供给主体生产决策理论模型与行为分析 [J]. 统计与决策，2019，35（7）：42-45.

[25] 邵丽. 市场经济体制下公路运输经济管理模式分析 [J]. 中国集体经济，2019，（25）：35-36.

[26] 沈林兵. 浅析市场经济条件下的公路运输市场管理 [J]. 甘肃科技，2012，28（10）：89-91.

[27] 宋金美. 新形势下公路运输经济发展路径探究 [J]. 中国商论，2021（16）：111-113.

[28] 苏辉. 公路交通运输对区域经济发展的重要作用 [J]. 财经界，2019，516（17）：7.

[29] 孙启鹏，王帅. 基于低碳经济的道路运输企业循环经济评价与发展对策研究 [J]. 科技管理研究，2011，31（02）：138-141.

[30] 田泽昊. 公路交通运输大气污染生态成本评估模型研究 [J]. 环境科学与管理，2019，44（10）：180-184.

[31] 田祖海，苏曼. 公路交通运输对区域经济发展的影响分析 [J]. 商业研究，2008

（4）：123-125.

[32] 王凤娟. 公路交通运输对区域经济发展的重要作用分析 [J]. 运输经理世界，2022
（23）：38-40.

[33] 王玲. 经济新常态下公路交通运输经济管理的思考 [J]. 南北桥，2023（4）：187-
189.

[34] 王楠楠，刘世铎. 基于运输价格弹性的高速公路拥挤收费有效性研究 [J]. 经济研
究导刊，2014（22）：264-266.

[35] 王玥. 探讨分析我国城市公共交通环境中的标识导向系统设计 [J]. 人民公交，
2023（05）：79-82.

[36] 温树雨. 试论公路交通运输经济的发展趋势 [J]. 财经界，2014（02）：33.

[37] 吴颖. 公路运输经济发展中治理超限的作用 [J]. 财讯，2022（8）：184-186.

[38] 徐广印，赵建荣，王永胜，等. 公路交通运输可持续发展系统的多目标优化决策
[J]. 河南农业大学学报，2004，38（4）：467-471.

[39] 徐景云，赵吉昌. 公路货物运输价格分析 [J]. 黑龙江科技信息，2013（16）：23.

[40] 许国伟. 试论公路交通物流运输对区域经济发展的影响 [J]. 现代经济信息，2023
（1）：32-34.

[41] 姚小娟. 试论公路交通运输在区域经济发展中所起的作用 [J]. 中国商论，2016
（9）：125-127.

[42] 叶亮. 公路交通运输与社会经济发展关系的类比研究 [J]. 公路，2014，59（11）：
138-143.

[43] 于波. 探讨经济新常态下公路交通运输经济管理 [J]. 中国储运，2022（06）：81-
82.

[44] 于学军. 推动交通运输供给侧结构性改革要开动五大"引擎" [J]. 福建质量管理，
2019（2）：36.

[45] 余天，孙静怡，何雄. 探究公路交通运输对区域经济发展的影响 [J]. 品牌研究，
2023（11）：177-180.

[46] 张娜. 交通公路运输工程成本管理探讨 [J]. 科技经济市场，2020（05）：113-114.

[47] 张圣忠，徐敏，吴群琪. 论中国道路货物运输供给的结构性失衡 [J]. 长安大学学
报（社会科学版），2005，7（3）：16-19.

[48] 张学立. 交通公路运输工程成本控制研究 [J]. 价值工程，2017，36（18）：46-47.

[49] 张作军. 浅析市场经济条件下的公路运输市场管理 [J]. 全国商情·理论研究，

2013（19）：27-27.

[50] 赵婧妤. 运输服务贸易文献综述 [J]. 世界贸易组织动态与研究，2010，17（3）：36-42，15.

[51] 赵利娜. 关于公路交通运输推动地方经济发展的探析 [J]. 中国储运，2023（01）：148-149.

[52] 周戈. 公路运输经济管理的要点分析 [J]. 中国商论，2017（22）：8-9.